MON *carnet* DE

lithothérapie

PIERRES ET CRISTAUX

Soins et protocoles

Yseult Gervy

Illustrations de Lil Sire

Robert Laffont

Sommaire

PARTIE 2
Je pratique

PARTIE 3
Je me perfectionne

PARTIE 4
J'expérimente

Introduction

Coucou, moi c'est Yseult. Heureuse maman de deux filles formidables, je suis une hypersensible passionnée de pierres et de cristaux.

Ancienne sportive de haut niveau, j'ai eu la chance de parcourir le monde durant toute ma jeunesse. Lors de ces voyages, j'ai découvert le monde des pierres : le quartz rose en Afrique du Sud, l'améthyste au Brésil, le lapis-lazuli au Chili et tant d'autres pierres. Assez vite, j'ai voulu en savoir plus sur ces spécimens étranges aux formes et couleurs incroyables. Leurs symboliques, leur beauté et leurs pouvoirs m'ont captivée. Adolescente et adulte, j'ai dévoré tous les livres que j'ai eus à ma portée, je me suis formée à la lithothérapie et, surtout, j'ai testé encore et encore les propriétés des pierres.

Je me souviens parfaitement de ma première expérience. Je devais participer à une compétition de natation qui me stressait beaucoup. Durant mes entraînements, mes performances dégringolaient sans raison. J'ai alors eu l'intuition d'utiliser une howlite, sans être sûre de ce que je pouvais en attendre. On était à une semaine de l'épreuve. Je dormais avec ma petite howlite et la trimballais partout avec moi (pas au point de la mettre à l'intérieur de mon maillot de bain !). La performance que j'ai réalisée ce jour-là nous a tous surpris ! C'est comme si la howlite avait boosté mon mental et décuplé mes énergies.

Tu t'en doutes, les pierres ne m'ont plus quittée, ou plutôt, je ne les ai plus quittées. Elles ont été d'un soutien énorme dans ma carrière sportive et m'ont amenée jusqu'à la participation au rêve ultime : les Jeux olympiques. Aujourd'hui, elles m'accompagnent dans tous les petits bobos du quotidien, dans ma vie de maman et de femme, dans mon travail et mon évolution personnelle.

Je t'invite toi aussi à découvrir
les propriétés fantastiques des pierres
et des cristaux pour :

✦

apaiser l'anxiété et l'hypersensibilité

✦

stimuler la créativité et la concentration

✦

soulager toutes sortes de symptômes

✦

favoriser l'ouverture du cœur et l'amour,
et bien d'autres choses encore.

Que tu sois déjà attiré·e par les pierres ou simplement curieux·se, ce livre deviendra un fidèle compagnon.

Je l'ai créé pour te faciliter la vie : non seulement j'y ai rassemblé tout ce qu'il faut savoir sur les pierres, mais j'ai aussi conçu les meilleurs protocoles de soins, pour toi et ton entourage.

J'espère qu'il suscitera chez toi le même enthousiasme que j'ai connu au fil de mes découvertes des « mille » applications des pierres et des cristaux.

Bienvenue dans l'univers magique de la lithothérapie !

Yseult

Que vas-tu trouver dans ce carnet ?

Il se divise en quatre parties :

1 PARTIE

J'apprends

Dans cette première partie, je te transmets mes connaissances sur les pierres et les cristaux. Tu découvriras leur histoire, leur symbolique, leurs vertus et comment les choisir en fonction de tes besoins.

2 PARTIE

Je pratique

La deuxième partie te propose des rituels et des protocoles précis pour utiliser les pierres au quotidien. Tu apprendras à les intégrer dans ta vie pour améliorer ton bien-être physique, émotionnel et spirituel.

3 PARTIE

Je me perfectionne

La troisième partie t'invite à approfondir tes connaissances et à explorer des techniques plus avancées. Tu découvriras comment créer des synergies de pierres, harmoniser ton lieu de vie avec le feng shui et les cristaux ou encore comment utiliser les pierres pour la divination.

4 PARTIE

J'expérimente

Dans la quatrième partie, tu trouveras une multitude de pages à thèmes et libres, pour toi-même ou d'autres personnes. Pour chaque soin, qu'il soit général, physique ou émotionnel, ou pour chaque rituel, tu pourras y noter les pierres utilisées, les techniques appliquées, les observations et les résultats obtenus.

Comment tirer au mieux parti de ton carnet ?

Voici quelques idées pour utiliser ce carnel de manière créative et personnalisée :

✦ Utilise des stylos de couleur pour noter tes ressentis lors de tes séances avec les pierres. Le bleu pour la sérénité, le rose pour la douceur, le rouge pour l'énergie…

✦ Souligne, surligne ou *stabilote* les pierres ou les passages qui te parlent.

✦ Invente tes propres symboles pour représenter les différentes énergies des pierres. Un soleil pour la vitalité, une étoile pour la protection, un cœur pour l'amour…

✦ Note tes pensées, tes questions, tes doutes, tes découvertes… Utilise les marges, les pages blanches ou les espaces dédiés.

✦ Note tes séances, tes rituels préférés, les pierres que tu utilises. Attribue une ou plusieurs étoiles aux pierres en fonction des effets ressentis.

✦ Utilise les pages libres à la fin pour créer tes propres protocoles. Note le nom de tes pierres préférées, leurs propriétés, leurs vertus, les résultats que tu as obtenus… Un véritable guide personnalisé.

✦ Marque les pages auxquelles tu souhaites revenir. Utilise des marque-pages, des Post-it®, des rubans…

À toi de jouer !

PARTIE I

J'apprends

L'objectif de cette première partie est de partager avec toi ce que j'ai appris et compris des pierres.
Tu découvriras notamment :

Comment choisir une pierre

Apprends à te laisser guider par ton intuition et à identifier les pierres qui correspondent à tes besoins.

Les multiples bénéfices des pierres

Explore les tableaux récapitulatifs des vertus des pierres pour la santé physique, la santé mentale, la maison, la vie spirituelle et la divination.

Les multiples utilisations des pierres

Découvre comment optimiser les bienfaits des pierres en les portant, en les plaçant dans ton environnement ou en les utilisant lors de rituels.

Comment tester une pierre

Évalue l'adéquation entre les pierres et toi, afin d'optimiser leurs effets bénéfiques.

La purification et le rechargement

Initie-toi aux méthodes pour purifier et recharger les énergies des pierres et des cristaux.

Comment aider tes proches

Apprends comment utiliser les cristaux de manière appropriée pour aider tes proches, en leur posant les bonnes questions et en créant des rituels de soins adaptés.

Comment choisir les pierres à offrir

Trouve des conseils pour choisir les pierres à offrir en cadeau en fonction des besoins et des goûts de la personne.

I

CHAPITRE

L'histoire fascinante des pierres et leur magie

Depuis la nuit des temps, les pierres et les cristaux fascinent l'humanité. Leurs couleurs chatoyantes, leurs formes mystérieuses et leurs énergies subtiles ont captivé l'imagination des hommes et des femmes à travers les âges et les continents.

Bien plus que de simples bijoux, les pierres ont joué un rôle essentiel dans l'histoire de l'humanité, s'inscrivant au cœur des rites, des croyances et des pratiques de guérison.

Profondément connectés à la Terre, nos ancêtres percevaient les pierres comme des êtres vivants dotés d'une force et d'une sagesse supérieures. Ils les utilisaient pour se soigner, se protéger, communiquer avec les esprits et célébrer le sacré.

L'Afrique, berceau de l'humanité, est riche de traditions liées aux pierres. Dans certaines tribus, l'hématite rouge, avec sa couleur évoquant le sang, était utilisée pour soigner les blessures. On pensait qu'elle avait le pouvoir d'absorber la douleur, de « boire » le mal pour purifier le corps. D'autres pierres, comme la turquoise, étaient portées comme des amulettes pour éloigner les mauvais esprits et attirer la chance.

En Égypte antique, les pierres étaient vénérées comme des cadeaux des dieux. Les pharaons et les prêtresses portaient des bijoux ornés de pierres précieuses pour symboliser leur pouvoir et leur connexion au Divin. La turquoise ornait les tombeaux pour accompagner les défunts dans leur voyage vers l'au-delà. Le lapis-lazuli, avec sa couleur bleu nuit évoquant le ciel étoilé, était utilisé pour protéger et s'attirer les faveurs des dieux.

Les Amérindiens, gardiens de la Terre, considéraient le quartz comme une pierre sacrée. Ses cristaux translucides, semblables à des gouttes de lumière solidifiées, étaient utilisés par les chamans pour entrer en contact avec les esprits, voyager dans d'autres dimensions et soigner les malades. Le chaman tenait un cristal de quartz au-dessus d'un malade, se concentrait, et canalisait l'énergie de la pierre pour rétablir l'équilibre du corps et de l'esprit. Un rituel qui est d'ailleurs toujours d'actualité.

En Asie, le jade, pierre symbole de pureté et de longévité, est vénéré depuis des millénaires. En Chine, on lui attribuait le pouvoir d'assurer longévité et protection. En Inde, les pierres précieuses sont vénérées depuis des millénaires, non seulement pour leur beauté, mais aussi pour leurs vertus spirituelles et médicinales. En astrologie védique (jyotish), chaque pierre possède des propriétés spécifiques qui peuvent influencer le destin. Par exemple, le diamant est associé à Vénus qui apporte l'amour et la prospérité, tandis que le rubis est associé au Soleil et apporte la force et le courage. Dans l'ayurvéda, la médecine traditionnelle indienne, les pierres équilibrent les dosha (les énergies vitales) et améliorent la santé physique et mentale. Par exemple, le saphir bleu est utilisé pour apaiser l'esprit et améliorer le sommeil, tandis que l'émeraude est utilisée pour améliorer la vision et la digestion.

N'oublie jamais, comme nos ancêtres, que les pierres sont des cadeaux de la Terre, des trésors qu'il faut respecter. L'histoire de la lithothérapie nous rappelle que la fascination pour les pierres et cristaux est universelle et intemporelle.

2

CHAPITRE

Pourquoi et comment les pierres fonctionnent ?

Avec le temps, on a découvert que les croyances ancestrales autour des pierres n'étaient pas si farfelues. La science moderne, tout en reconnaissant la complexité de l'énergie subtile, commence à explorer les propriétés étonnantes des cristaux.

On sait déjà que les cristaux ont des propriétés physiques remarquables. Ils peuvent conduire l'électricité, comme le démontre l'effet piézoélectrique découvert par les frères Curie en 1880. Ce phénomène est d'ailleurs utilisé dans de nombreuses technologies modernes, comme les montres à quartz, les microphones et les sonars.

Pour comprendre le pouvoir des pierres, il faut s'ouvrir à une vision plus large, une vision où l'énergie est au cœur de tout.

Tout dans l'Univers vibre, toi, moi, les arbres, les animaux, et même les pierres ! Chaque chose, chaque être, est composé d'énergie en mouvement constant. Et chaque cristal émet une signature énergétique qui lui est propre.

La composition chimique unique de chaque cristal génère des fréquences spécifiques. Le quartz, par exemple, vibre à 32 768 Hz, alors que l'améthyste oscille entre 744 et 752 Hz. Ces vibrations vont interagir avec les tiennes au niveau quantique, influençant ton champ énergétique.

En somme, la structure des cristaux leur permet d'emmagasiner et de restituer les énergies environnantes. Mis en contact avec ton corps électromagnétique, ils rééquilibrent et harmonisent tes vibrations corporelles et émotionnelles par résonance.

3

CHAPITRE

Libérer et harmoniser tes énergies avec les pierres

Ton corps est un système énergétique complexe. Tes émotions, tes pensées, tes expériences, tout cela influence ton énergie. Et lorsque ton énergie est bloquée, stagnante ou déséquilibrée, cela peut se manifester par des malaises physiques, des émotions négatives ou un sentiment de mal-être général.

Les pierres et les cristaux, selon cette loi énergétique, agissent comme des diapasons énergétiques. Leurs vibrations peuvent aider à :

Dissoudre les blocages énergétiques

Pense à un ruisseau qui coule librement. Lorsque des obstacles se dressent sur son chemin, l'eau stagne, créant des zones troubles. Les pierres, par leurs vibrations, peuvent aider à dissoudre ces blocages, à faire circuler l'énergie librement dans ton corps.

Rééquilibrer tes chakras

Les chakras sont des centres énergétiques situés le long de ta colonne vertébrale. Chaque chakra correspond à une fonction physique, émotionnelle ou spirituelle. Lorsque tes chakras sont déséquilibrés, cela peut affecter ton bien-être général. Les pierres, par leurs couleurs et leurs vibrations, peuvent aider à réharmoniser tes chakras.

Amplifier tes intentions

Lorsque tu travailles avec une pierre, tu lui confies une intention, un désir. La pierre, par sa qualité spécifique, peut amplifier cette intention, l'aider à se manifester dans ta réalité.

T'apaiser et te protéger

Certaines pierres, comme l'améthyste, ont des vertus apaisantes et calmantes. D'autres, comme la tourmaline noire, sont réputées pour leurs propriétés protectrices, éloignant les énergies négatives.

4

CHAPITRE

Utilise tes pierres en toute sécurité

Les pierres et cristaux sont de merveilleux alliés pour ton bien-être, mais il est important de les utiliser avec respect et conscience. Voici quelques conseils pour profiter de leurs bienfaits en toute sécurité.

PRENDRE SOIN DE SES PIERRES

Un petit nettoyage s'impose

Avant d'utiliser une pierre pour la première fois, et régulièrement par la suite, nettoie-la pour éliminer les énergies qu'elle a pu accumuler. Tu peux la passer sous l'eau claire (sauf pour les pierres sensibles à l'eau, voir p. 66), la purifier avec de la sauge ou la laisser se recharger à la lumière de la Lune.

Vérifie leur état

Avant chaque utilisation, observe tes pierres. Sont-elles intactes ? Présentent-elles des fissures ou des éclats ? Certaines pierres, comme le sélénite, sont plus fragiles que d'autres. Si une pierre est trop endommagée, il est préférable de ne pas l'utiliser. Néanmoins, même si une pierre est brisée, elle continue de « fonctionner ». Donc si elle ne risque pas de te blesser et qu'elle est juste cassée, tu peux en principe l'utiliser.

Attention aux allergies

Bien que rares, certaines personnes peuvent être sensibles à certaines pierres. Si tu remarques une irritation, des rougeurs ou des démangeaisons après avoir utilisé une pierre, arrête de l'utiliser et consulte un professionnel de santé si nécessaire.

LES PIERRES ET LES ENFANTS

Hors de portée des petites mains

Garde tes pierres hors de portée des jeunes enfants. Ils pourraient les mettre à la bouche ou se blesser avec. Si tes enfants sont curieux et souhaitent explorer les pierres, surveille-les attentivement et explique-leur comment les manipuler avec respect.

LES PIERRES ET LES ANIMAUX

Attention aux petits gourmands

Comme pour les enfants, il est important de garder les pierres, surtout les petites, hors de portée de tes animaux de compagnie. Ils pourraient les avaler et s'intoxiquer.

CHOISIR SES SOURCES AVEC SOIN

Privilégie les commerçants responsables

Lorsque tu achètes des pierres, choisis des commerçants ou des créateurs responsables. Ils s'approvisionnent de manière éthique, respectent l'environnement et les droits humains. De plus, ils sélectionnent des pierres de qualité, souvent vérifiées et certifiées, ce qui limite les risques d'impuretés.

5

CHAPITRE

Découvre toutes les vertus des pierres

Tu cherches la pierre qui t'aidera à apaiser tes émotions, à booster ton énergie ou à te connecter à ton intuition ? Pas toujours facile de s'y retrouver parmi toutes ces possibilités ! Pour te simplifier la vie, voici un tableau récapitulatif des pierres et de leurs vertus. Tu trouveras une petite encyclopédie plus complète dans le dernier chapitre de la troisième partie (« Je me perfectionne ») du carnet.

Avant de plonger dans ce tableau, rappelle-toi ceci :

les informations sur les vertus des pierres sont fondées sur des traditions ancestrales et des expériences personnelles. Elles ne remplacent en aucun cas un avis médical.

TABLEAU DES PIERRES ET DES CRISTAUX

Nom de la pierre	Bienfaits pour le corps	Bienfaits pour les émotions	Bienfaits pour l'esprit	Couleur
AGATE	Renforce le système immunitaire, facilite la digestion, améliore la circulation sanguine.	Apporte courage et stabilité émotionnelle	Favorise l'ancrage et la stabilité spirituelle.	Multi-colore
AGATE ARBRE	Soulage les rhumes et les problèmes respiratoires, soutient les poumons.	Aide à surmonter les obstacles et à rester ancré.e.	Stimule la connexion avec la nature et la croissance.	Vert avec motifs
AGATE MOUSSE	Soutient le système respiratoire, aide en cas d'asthme.	Stimule la créativité et favorise la patience.	Favorise la connexion avec les énergies de la nature.	Vert avec motifs
AGATE DU BOSWANA	Soulage les tensions et les douleurs physiques	Favorise la guérison émotionnelle, l'acceptation et le processus du deuil.	Stimule la connexion avec les énergies de la Terre.	Gris avec motifs
AIGUE-MARINE	Soulage les maux de gorge, les problèmes respiratoires, renforce le système immunitaire et la longévité.	Libère les peurs et les blocages émotionnels, apporte la paix intérieure et la sérénité.	Facilite la méditation, favorise la connexion à la sagesse intérieure et à la guidance divine.	Bleu clair à bleu-vert
AMAZO-NITE	Soulage les douleurs musculaires, améliore la santé des os, réduit le stress et apaise le système nerveux.	Apporte la sérénité, favorise la communication et libère des sentiments de lourdeur émotionnelle.	Favorise la connexion avec la sagesse intérieure, améliore la communication, apaise le mental.	Tur-quoise

LES PIERRES LES PLUS UTILISÉES EN IMAGES

Améthyste

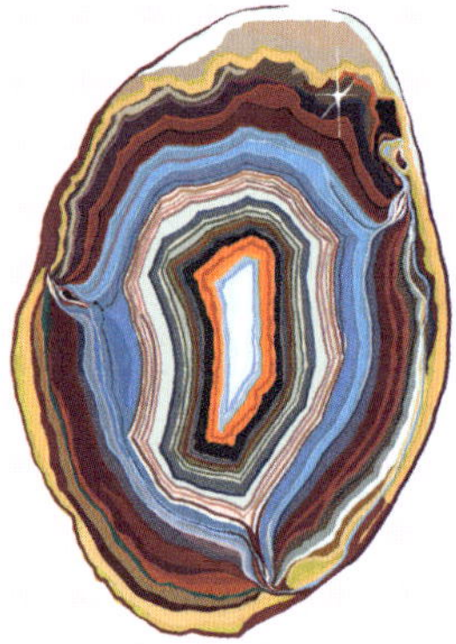

Agate

Apatite

Amazonite

Ambre

Angélite

Apatite bleue

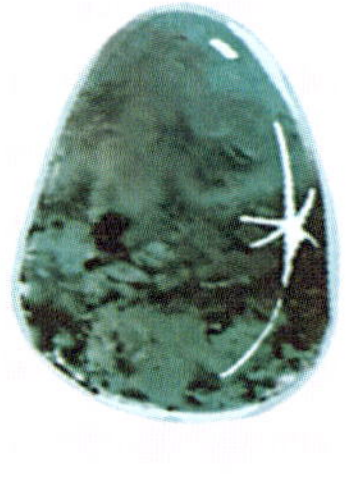

Agate mousse

Agate du Boswana

Aigue-marine

Nom de la pierre	Bienfaits pour le corps	Bienfaits pour les émotions	Bienfaits pour l'esprit	Couleur
AMBRE	Soulage les douleurs, favorise la guérison, renforce le système immunitaire.	Protège des énergies négatives, favorise la joie de vivre et l'optimisme, stimule la créativité.	Favorise la connexion à la Terre, la souplesse mentale, stimule l'ancrage et la stabilité.	Jaune, orange, brun, rouge
AMÉ-THYSTE	Soulage les maux de tête, favorise le sommeil, apaise les tensions musculaires.	Apaise le stress, favorise la sérénité, l'imagination, et calme la colère.	Favorise la méditation et la connexion spirituelle, apaise le stress, favorise la clarté mentale.	Violet
ANGÉLITE	Améliore la santé des os, apaise les troubles de la gorge.	Apaise les émotions et favorise la paix intérieure.	Stimule la communication angélique et la clarté mentale.	Bleu pâle
APATITE	Aide en cas de dépendances, soutient les régimes alimentaires	Diminue la dépendance affective et les blessures de l'âme. Redonne confiance.	Aide à un retour à soi.	Bleu
APATITE BLEUE	Soulage les maux de gorge, favorise la communication, apaise le système nerveux.	Apaise les émotions, favorise la paix intérieure et la sérénité, aide à exprimer ses sentiments.	Facilite la méditation, favorise la connexion à la sagesse intérieure et à la guidance divine.	Bleu clair à bleu profond
APOPHYL-LITE	Soulage les problèmes respiratoires, favorise la relaxation, renforce le système immunitaire.	Libère les peurs et les angoisses, favorise la paix intérieure et la sérénité.	Facilite la méditation, favorise la connexion aux plans supérieurs et à la guidance divine.	Incolore, blanc, vert, jaune, rose

Nom de la pierre	Bienfaits pour le corps	Bienfaits pour les émotions	Bienfaits pour l'esprit	Couleur
ARFVEDSONITE	Soulage les maux de tête, favorise la détoxification, renforce le système immunitaire.	Stimule l'intuition et la clairvoyance, favorise la communication avec les guides spirituels, aide à surmonter les schémas négatifs.	Facilite la méditation, favorise la connexion aux plans supérieurs et à la guidance divine.	Noir, bleu foncé, vert foncé
AVENTURINE	Favorise la guérison du cœur et des poumons.	Apporte chance et favorise l'optimisme, équilibre les émotions.	Stimule la croissance spirituelle et la compassion, favorise la chance.	Vert
BISMUTH	Soulage les douleurs musculaires, favorise la régénération cellulaire, stimule l'énergie vitale.	Favorise la transformation personnelle, stimule la créativité et l'imagination, aide à visualiser ses objectifs.	Facilite la méditation, favorise la connexion aux plans supérieurs et à la guidance divine.	Argenté, avec des reflets irisés
BOIS FOSSILE	Renforce le système squelettique, stimule la régénération cellulaire, soutient la détoxification du corps.	Favorise la stabilité émotionnelle et la vitalité.	Favorise la connexion avec les énergies ancestrales.	Brun avec motifs
BOIS PÉTRIFIÉ	Renforce le système squelettique, favorise la vitalité, soulage les douleurs articulaires.	Favorise la patience et la persévérance, aide à surmonter les obstacles, stimule la transformation personnelle.	Favorise la connexion à la Terre, stimule l'ancrage et la stabilité.	Brun, gris, noir, rouge
BLOODSTONE	Purifie le sang, renforce le système immunitaire, favorise la vitalité.	Renforce le courage et la confiance en soi, favorise la prise de décision, aide à surmonter les obstacles.	Favorise l'ancrage à la Terre, stimule l'énergie vitale.	Vert foncé avec taches rouges

Nom de la pierre	Bienfaits pour le corps	Bienfaits pour les émotions	Bienfaits pour l'esprit	Couleur
BRONZITE	Soulage les troubles digestifs (constipation, diarrhée), l'inflammation et la sciatique.	Aide à surmonter les pensées négatives et à vivre le moment présent.	Favorise la protection psychique et la clarté mentale.	Brun avec reflets dorés
CALCÉDOINE	Favorise la guérison des plaies et des ulcères grâce à ses propriétés anti-inflammatoires.	Apaise les émotions et favorise la paix intérieure.	Favorise la communication spirituelle et l'expression.	Bleu clair
CÉLESTINE	Apaise les douleurs musculaires, les tensions et les crampes.	Apporte la paix intérieure et favorise la spiritualité.	Favorise la connexion avec les plans célestes.	Bleu ciel
CHRYSOPRASE	Renforce le système immunitaire, favorise la détoxification, soulage les problèmes cardiaques.	Attire l'abondance et la prospérité, favorise la joie de vivre et l'optimisme, stimule la compassion et l'empathie.	Favorise la connexion à la nature et aux énergies de la Terre, stimule la croissance spirituelle.	Vert pomme à vert émeraude
CITRINE	Aide en cas d'acidité gastrique, d'ulcères et de problèmes de thyroïde (régule).	Favorise la confiance en soi et la motivation, booste la créativité, favorise l'optimisme.	Favorise la connexion avec la sagesse intérieure, améliore la communication, apaise le mental.	Jaune
CORNALINE	Régule le cycle menstruel, réduit la fatigue.	Favorise la confiance en soi, le courage et l'audace.	Favorise la motivation et le dynamisme.	Orange

LES PIERRES LES PLUS UTILISÉES EN IMAGES

Chrysocolle

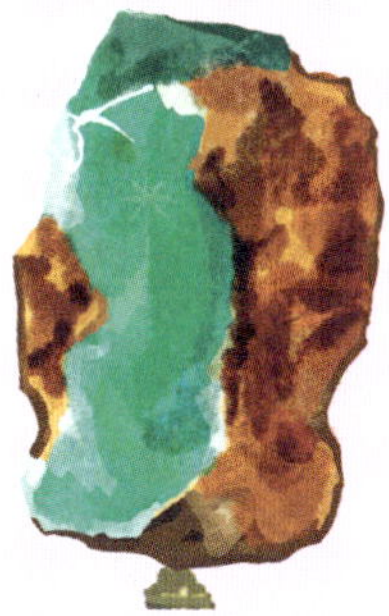

Chrysophrase

Citrine

Cornaline

Emeraude

Grenat

Jade

Jaspe rouge

Labradorite

Lapis-lazuli

Malachite

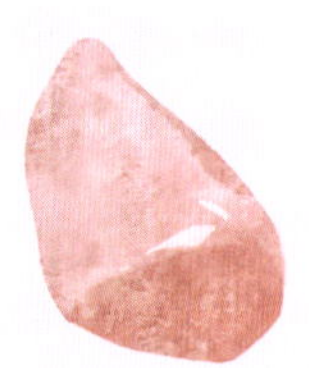

Quartz rose

Nom de la pierre	Bienfaits pour le corps	Bienfaits pour les émotions	Bienfaits pour l'esprit	Couleur
ÉMERAUDE	Renforce le système immunitaire, favorise la guérison, soulage les problèmes cardiaques.	Attire l'abondance et la prospérité, favorise l'amour et la compassion, renforce la sagesse et la patience.	Favorise la connexion à la nature et aux énergies de la Terre, stimule la croissance spirituelle.	Vert profond et intense
FLUORITE	Favorise la mémoire, soulage les troubles digestifs et les maux de tête.	Aide à l'organisation et à la concentration, purifie l'esprit.	Favorise la connexion avec les plans supérieurs, favorise la concentration, protège des énergies négatives.	Multicolore
GRENAT	Soulage les douleurs musculaires et articulaires, la fatigue chronique et la diarrhée.	Favorise la passion et le courage.	Favorise la transformation personnelle.	Rouge
HÉMATITE	Lutte contre la fatigue physique.	Apporte la stabilité émotionnelle.	Favorise l'ancrage et la connexion à la Terre.	Gris métallique
HOWLITE	Favorise un sommeil réparateur, lutte contre les tensions dues au stress.	Aide à surmonter le stress et l'anxiété, aide à lâcher prise.	Stimule la connexion spirituelle et la sagesse intérieure.	Blanc avec veines grises
INDIGO GABBRO/ MERLINITE	Favorise la détoxification, renforce le système immunitaire, soulage les maux de tête.	Stimule l'intuition et la clairvoyance, favorise la transformation personnelle, renforce la connexion spirituelle.	Facilite la méditation, favorise la connexion aux plans supérieurs et à la guidance divine.	Noir ou bleu foncé, avec inclusions blanches ou grises
JADE	Favorise la santé des reins et de la vessie.	Apporte harmonie et équilibre émotionnel.	Favorise l'abondance et la prospérité.	Vert avec nuances

Nom de la pierre	Bienfaits pour le corps	Bienfaits pour les émotions	Bienfaits pour l'esprit	Couleur
JADE NÉPHRITE	Renforce le système immunitaire, favorise la guérison, soulage les problèmes rénaux.	Attire la prospérité et l'abondance, favorise la sagesse et la paix intérieure.	Favorise la connexion à la nature et aux énergies de la Terre, stimule la croissance spirituelle.	Vert clair à vert foncé, parfois avec veines blanches ou grises
JASPE DALMA-TIEN	Soulage les maux de dos, les douleurs musculaires, les allergies et les affections cutanées	Aide à surmonter les peurs et stimule la créativité.	Stimule la connexion avec les énergies protectrices.	Bleu pâle
JASPE LÉOPARD	Aide à la digestion et renforce le système immunitaire.	Stimule la créativité et favorise l'adaptabilité.	Favorise la connexion avec les instincts primaires.	Brun tacheté
JASPE PAYSAGE	Soulage les déséquilibres énergétiques dans le système digestif.	Aide à surmonter les obstacles et à rester ancré.	Stimule l'appréciation de la beauté naturelle.	Multi-colore
JASPE PICASSO	Soulage les problèmes de peau mineurs (irritations, inflammations cutanées).	Aide à surmonter les blocages émotionnels.	Favorise l'expression artistique et la réflexion.	Multi-colore
JASPE ROUGE	Favorise la guérison des problèmes liés aux reins et à la vessie.	Aide à surmonter les défis et à surmonter les blocages émotionnels.	Stimule la connexion avec la Terre et le courage.	Rouge
JASPE SANG-DE-DRAGON	Favorise la guérison des plaies et des blessures mineures.	Favorise la confiance en soi et la force intérieure.	Stimule la connexion avec l'énergie de la Terre.	Rouge avec nuances

Nom de la pierre	Bienfaits pour le corps	Bienfaits pour les émotions	Bienfaits pour l'esprit	Couleur
JASPE ZÉBRÉ	Renforce le système immunitaire et favorise l'endurance.	Stimule la motivation et le désir de réussir.	Favorise l'ancrage et la connexion à la Terre.	Noir et blanc
KYANITE BLEUE	Soulage les maux de gorge, favorise la communication, aide à l'expression de soi.	Libère les blocages émotionnels, favorise l'équilibre émotionnel et la paix intérieure.	Facilite la méditation, favorise la connexion à la sagesse intérieure et à la guidance divine.	Bleu clair à bleu foncé, parfois avec des nuances de vert ou de noir
KUNZITE	Soulage les douleurs du système nerveux.	Favorise l'amour inconditionnel et l'acceptation.	Stimule l'ouverture du cœur et la connexion spirituelle.	Rose tendre
LABRADORITE	Soulage les douleurs oculaires et les troubles liés aux yeux, apaise le mental.	Aide à surmonter l'insécurité et la confusion, protège des énergies négatives, développe l'intuition.	Stimule la connexion avec les dimensions spirituelles, protège des énergies négatives, favorise la transformation personnelle.	Gris avec reflets chatoyants
LAPIS-LAZULI	Lutte contre les migraines et les maux de tête, lutte contre l'asthme.	Stimule l'intuition et favorise l'expression créative.	Favorise la connexion avec les royaumes spirituels, favorise la communication, développe l'intuition, apporte sagesse et clarté.	Bleu profond
LEPIDOLITE	Soulage le stress et l'anxiété, favorise le sommeil, aide à surmonter les addictions.	Apaise le mental, favorise la paix intérieure et la sérénité, aide à traverser les périodes de changement.	Facilite la méditation, favorise la connexion à la sagesse intérieure et à la guidance divine.	Rose lilas à violet, gris, blanc
MALACHITE	Soutient le système immunitaire et lutte contre les douleurs articulaires.	Aide à surmonter les obstacles et à libérer les émotions, protège des entités.	Stimule la transformation et la croissance spirituelle.	Vert rayé de bandes claires et foncées

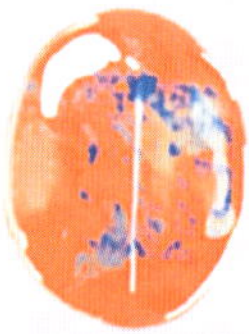

Opale

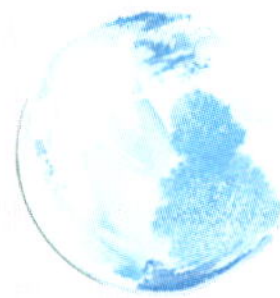

Pierre de lune

Pyrite

Rhodochrosite

Rhodonite

Zircon

Unakite

Péridot

Nom de la pierre	Bienfaits pour le corps	Bienfaits pour les émotions	Bienfaits pour l'esprit	Couleur
MÉTÉO-RITE	Renforce le système immunitaire, favorise la vitalité, stimule la régénération cellulaire.	Favorise la transformation personnelle, stimule l'ouverture d'esprit, aide à se connecter à son potentiel.	Favorise la connexion à l'Univers, stimule l'éveil spirituel.	Variable, souvent gris foncé, noir, brun ou métal-lique
MOLDA-VITE	Favorise la détoxification, stimule la guérison, renforce le système immunitaire.	Favorise la transformation personnelle, accélère le développement spirituel, stimule l'intuition.	Facilite la méditation, les manifestations, favorise la connexion aux plans supérieurs et à la guidance spirituelle.	Vert olive à vert foncé
MOOKAÏTE	Renforce le système immunitaire, favorise la vitalité, soulage les problèmes digestifs.	Favorise la prise de décision, stimule le courage et la confiance en soi, aide à surmonter les défis.	Favorise la connexion à la Terre, stimule l'ancrage et la stabilité.	Jaune, rouge, marron, crème, avec des motifs abstraits
NUUMITE	Favorise la détoxification, renforce le système immunitaire, stimule la vitalité.	Stimule l'intuition et la clairvoyance, favorise la transformation personnelle, renforce la connexion spirituelle.	Facilite la méditation, favorise la connexion aux plans supérieurs et à la guidance divine.	Noir, gris foncé, avec des reflets irisés de bleu, vert, or ou rouge
OBSI-DIENNE	Soulage les maux de dos et les douleurs lombaires.	Aide à surmonter les peurs et les traumatismes.	Favorise la révélation de la vérité intérieure.	Noir brillant
OBSI-DIENNE FLOCON-DE-NEIGE	Favorise la détoxification, soulage les douleurs, renforce la circulation sanguine.	Protège des énergies négatives, favorise la clarté mentale et la concentration, aide à surmonter les schémas négatifs.	Favorise l'ancrage à la Terre, stimule l'énergie vitale, facilite la méditation.	Noir, avec des taches blanches ou grises

Nom de la pierre	Bienfaits pour le corps	Bienfaits pour les émotions	Bienfaits pour l'esprit	Couleur
ŒIL-DE-TIGRE	Favorise la résistance au stress et aide à stabiliser les émotions.	Offre une protection contre les énergies négatives et les influences extérieures, renforce la confiance en soi.	Protège des entités malveillantes, protège du mauvais œil, apporte courage et motivation.	Brun avec reflets dorés
PIERRE DE LUNE	Aide à la fertilité, diminue les effets secondaires des menstruations.	Apaise les émotions désagréables, active le féminin sacré.	Favorise l'intuition et sa compréhension.	Blanc laiteux
PIERRE DU SOLEIL	Renforce les défenses naturelles du corps contre les maladies, lutte contre la fatigue.	Renforce l'optimisme, la légèreté et le sentiment de plénitude.	Favorise l'ancrage.	Jaune doré
PIETERSITE	Soulage les maux de tête, favorise la détoxification, renforce le système immunitaire.	Stimule l'intuition et la clairvoyance, favorise la transformation personnelle, renforce la confiance en soi et le leadership.	Facilite la méditation, favorise la connexion aux plans supérieurs et à la guidance divine.	Bleu, or, brun, noir, avec des motifs chatoyants
PYRITE	Soulage la constipation et le côlon irritable.	Aide à surmonter le pessimisme et la perte de mémoire.	Favorise la confiance en l'avenir.	Kaki
QUARTZ CLAIR (DIT AUSSI « CRISTAL DE ROCHE »)	Amplifie l'énergie des autres cristaux, favorise la guérison, renforce le système immunitaire.	Clarifie les pensées, favorise la concentration et la clarté mentale, amplifie l'énergie positive.	Facilite la méditation, favorise la connexion à la spiritualité et à la guidance divine.	Incolore, transparent

Nom de la pierre	Bienfaits pour le corps	Bienfaits pour les émotions	Bienfaits pour l'esprit	Couleur
QUARTZ AURA	Équilibre les chakras.	Stimule l'intuition et favorise la clarté mentale.	Favorise la connexion avec les dimensions supérieures.	Multi-colore
QUARTZ ROSE	Adoucit la peau, lutte contre le vieillissement des cellules.	Apporte le réconfort, diminue les peurs et apporte confiance en soi, favorise l'amour inconditionnel.	Favorise l'amour de soi et des autres, favorise l'amour de soi.	Rose
QUARTZ FUMÉ	Aide à éliminer les toxines du corps, soulage l'inflammation urinaire.	Aide en cas de deuil, lutte contre la procrastination, libère l'esprit, éloigne les énergies négatives, favorise l'ancrage.	Augmente la connexion spirituelle, aide à la détoxification.	Brun translu-cide
RHODO-NITE	Soulage les irritations et éruptions cutanées.	Favorise la confiance en soi et la guérison émotionnelle, aide à la guérison émotionnelle, développe la compassion.	Favorise l'amour de soi, des autres, le calme profond et le lâcher-prise.	Rose avec veines noires
SÉLÉNITE	Favorise la flexibilité, soulage les douleurs, renforce le système immunitaire.	Clarifie les pensées, favorise la paix intérieure et la sérénité, stimule l'intuition.	Facilite la méditation, favorise la connexion aux plans supérieurs et à la guidance divine, nettoie les auras.	Blanc, transpa-rent et translu-cide
SHUNGITE	Protège des ondes électro-magnétiques, favorise la détoxification, renforce le système immunitaire.	Ancre et stabilise l'énergie, favorise la clarté mentale et la concentration, aide à gérer le stress.	Favorise la connexion à la Terre, stimule l'ancrage et la stabilité.	Noir, gris foncé

Nom de la pierre	Bienfaits pour le corps	Bienfaits pour les émotions	Bienfaits pour l'esprit	Couleur
SODALITE	Soulage les maux de gorge, les problèmes respiratoires, renforce le système immunitaire.	Favorise la communication claire et authentique, stimule l'intuition et la sagesse, renforce la confiance en soi.	Facilite la méditation, favorise la connexion à la spiritualité et à la guidance divine.	Bleu profond
STROMA-TOLITE	Renforce le système immunitaire, favorise la vitalité, soulage les douleurs articulaires.	Favorise la patience et la persévérance, aide à surmonter les obstacles, stimule la transformation personnelle.	Favorise la connexion à la Terre, stimule l'ancrage et la stabilité, connecte à la sagesse ancienne.	Brun, gris, noir, parfois avec des nuances de vert ou de rouge
SUGILITE	Soulage les maux de tête, favorise la guérison, renforce le système immunitaire.	Stimule l'intuition et la clairvoyance, favorise la transformation personnelle, renforce la connexion spirituelle.	Facilite la méditation, favorise la connexion aux plans supérieurs, à la guidance divine et l'amour inconditionnel.	Violet, pourpre, rose, parfois avec des inclusions noires ou grises
SUPER SEVEN	Aide à la régulation des hormones et à l'équilibre énergétique du corps.	Favorise l'équilibre émotionnel et la transformation.	Facilite la connexion avec les plans divins.	Multi-colore
TOURMA-LINE	Renforce le système immunitaire, favorise la détoxification, soulage les douleurs.	Protège des énergies négatives, favorise la clarté mentale et la concentration, stimule la créativité.	Facilite la méditation, favorise la connexion à la spiritualité et à la guidance divine.	Variable selon la couleur
TOUR-MALINE NOIRE	Soulage les douleurs chroniques (maux de dos, douleurs musculaires, sciatique).	Aide à dissiper le stress, favorise la clarté mentale et protège contre les énergies négatives, éloigne les énergies négatives.	Stimule la purification et l'ancrage, favorise la stabilité, protège des influences néfastes.	Noir

Nom de la pierre	Bienfaits pour le corps	Bienfaits pour les émotions	Bienfaits pour l'esprit	Couleur
TOURMALINE PASTÈQUE	Favorise la guérison des blessures et des cicatrices, aide à réguler les déséquilibres hormonaux.	Aide à surmonter les émotions négatives et à développer la joie.	Stimule l'amour inconditionnel et l'ouverture du cœur.	Vert et rose
TURQUOISE	Soutient en cas d'infection et apaise les inflammations gastro-intestinales.	Apporte la paix intérieure et favorise les relations authentiques.	Stimule la connexion avec les énergies de guérison.	Bleu-vert

les 10 pierres qui m'attirent

Dis-moi, quelles sont les 10 pierres qui te font vibrer ?
Note leur nom, ce qui te plaît en elles et comment tu aimerais les utiliser au quotidien.

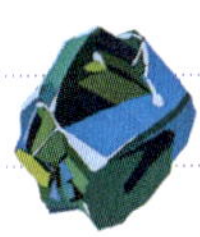

6
CHAPITRE

Apaiser les maux du cœur et de l'esprit avec les pierres

Ce tableau te présente les pierres traditionnellement associées à différentes problématiques émotionnelles. Choisis celles qui résonnent avec toi !

TABLEAU DES PIERRES POUR L'HARMONIE ÉMOTIONNELLE

Maux émotionnels	Pierre(s) associée(s)
ANXIÉTÉ	Labradorite, améthyste, howlite, quartz rose, angélite, ambre, apophyllite, chrysoprase, prehnite
BLOCAGES ÉMOTIONNELS	Amazonite, chrysocolle, hémimorphite, malachite, unakite, ambre, quartz fumé, obsidienne flocon-de-neige
COLÈRE	Rhodonite, cornaline, améthyste, howlite, grenat, jaspe rouge
COMMUNICATION DIFFICILE	Aigue-marine, amazonite, chrysocolle, hémimorphite, lapis-lazuli, sodalite, turquoise, calcite bleue
CULPABILITÉ	Rhodochrosite, améthyste, quartz rose, angélite
DÉPENDANCES	Améthyste, quartz fumé, howlite, lepidolite, obsidienne noire

Maux émotionnels	Pierre(s) associée(s)
DÉPRESSION	Citrine, quartz rose, pierre du Soleil, grenat, cornaline, ambre, lapis-lazuli
ÉMOTIONS REFOULÉES	Lapis-lazuli, turquoise, amazonite, obsidienne noire, quartz fumé
ÉPUISEMENT MENTAL	Lépidolite, améthyste, quartz fumé, sélénite, howlite
FATIGUE ÉMOTIONNELLE	Quartz clair (cristal de roche), sélénite, améthyste, pierre de Lune, quartz rose
HYPERSENSIBILITÉ	Améthyste, angélite, célestine, howlite, pierre de Lune, sélénite, opale
INDÉCISION	Fluorite, agate mousse, lapis-lazuli, œil-de-tigre
MANQUE D'ANCRAGE	Agate arbre, bloodstone, grenat, hématite, jaspe rouge, obsidienne noire, onyx, quartz fumé, tourmaline noire, bois pétrifié, stromatolite
MANQUE DE CONFIANCE EN SOI	Quartz rose, citrine, œil-de-tigre, cornaline, grenat, pierre du Soleil
MANQUE DE CRÉATIVITÉ	Calcite orange, cornaline, jaspe jaune, pierre du Soleil, citrine
MANQUE DE MOTIVATION	Cornaline, grenat, citrine, pyrite, jaspe rouge
MANQUE DE PATIENCE	Agate arbre, agate mousse, howlite, jaspe paysage, bois pétrifié
PARDON ET COMPASSION	Angélite, chrysocolle, hémimorphite, quartz rose, rhodonite, améthyste, kunzite
PEUR	Obsidienne noire, tourmaline noire, quartz fumé, œil-de-tigre, améthyste, ambre
PESSIMISME	Citrine, pierre du Soleil, quartz rose, ambre, cornaline
RANCUNE	Malachite, quartz rose, rhodonite
SENSIBILITÉ EXCESSIVE	Pierre de Lune, améthyste, howlite, opale, célestine

Maux émotionnels	Pierre(s) associée(s)
SOLITUDE	Rhodonite, quartz rose, améthyste, lapis-lazuli, turquoise
STRESS	Améthyste, quartz rose, howlite, lépidolite, tourmaline noire, sélénite, aventurine
TRAUMATISME	Agate du Botswana, obsidienne noire, quartz rose, kunzite, rhodonite
TRISTESSE	Quartz rose, améthyste, citrine, lapis-lazuli, pierre de Lunelapis-lazuli, pierre de Lune
TRISTESSE ET DEUIL	Améthyste, agate du Botswana, quartz rose, rhodonite, quartz fumé, obsidienne flocon-de-neige
TROUBLES DE L'HUMEUR	Pierre de Lune, améthyste, howlite, lépidolite, rhodochrosite

7

CHAPITRE

Découvre les liens entre pierres et chakras

Ton corps est parcouru par une énergie vitale, une force invisible qui te maintient en vie et te permet de ressentir le monde. Cette énergie circule à travers des centres énergétiques appelés chakras, des roues qui tournent et distribuent l'énergie dans tout ton être.

Il existe sept chakras principaux, alignés le long de ta colonne vertébrale, de la base de ton corps jusqu'au sommet de ta tête. Chaque chakra est associé à une couleur, une pierre de guérison, à des émotions, à des fonctions physiques et à des aspects de ton être spirituel.

Chakra racine (Muladhara) - Rouge

Situé à la base de ta colonne vertébrale, il représente ton ancrage à la terre, ton sentiment de sécurité et de survie.

Pierres associées : grenat, tourmaline noire, jaspe rouge.

Dans quels cas équilibrer ce chakra avec les pierres ? Lorsque tu te sens anxieux·se, instable, déraciné·e ou que tu manques de confiance en toi. Les pierres rouges peuvent t'aider à te sentir plus ancré·e, en sécurité et à renforcer ta confiance en la vie.

Chakra sacré (Svadhisthana) - Orange

Situé juste en dessous de ton nombril, il est lié à ta créativité, à ton plaisir, à tes émotions et à ta sexualité.

Pierres associées : cornaline, pierre de Lune, calcite orange.

Dans quels cas équilibrer ce chakra avec les pierres ? Lorsque tu manques de créativité, de joie de vivre, de plaisir, ou que tu as des blocages émotionnels liés à la sexualité. Les pierres orange peuvent t'aider à retrouver ta créativité, ta sensualité, et à te connecter à tes émotions.

Chakra du plexus solaire (Manipura) - Jaune

Situé au-dessus de ton nombril, il représente ton pouvoir personnel, ta confiance en toi, ta volonté et ta capacité à prendre des décisions.

Pierres associées : citrine, œil-de-tigre, pyrite, ambre.

Dans quels cas équilibrer ce chakra avec les pierres ? Lorsque tu manques de confiance en toi, que tu as du mal à t'affirmer ou à prendre des décisions. Les pierres jaunes peuvent t'aider à renforcer ton estime de soi, ta volonté et ta capacité à faire rayonner ton pouvoir personnel.

Chakra du cœur (Anahata) - Vert/Rose

Situé au centre de ta poitrine, il est le siège de l'amour, de la compassion, de la guérison et de l'empathie.

Pierres associées : quartz rose, aventurine verte, rhodonite.

Dans quels cas équilibrer ce chakra avec les pierres ? Lorsque tu as du mal à aimer et à te laisser aimer, que tu te sens blessé·e ou fermé·e à l'amour. Les pierres vertes et roses peuvent t'aider à ouvrir ton cœur, à guérir tes blessures émotionnelles et à cultiver l'amour inconditionnel.

Chakra de la gorge (Vishuddha) - Bleu

Situé au niveau de ta gorge, il représente ta communication, ton expression de soi et ta capacité à dire ta vérité.

Pierres associées : lapis-lazuli, sodalite, calcite bleue.

Dans quels cas équilibrer ce chakra avec les pierres ? Lorsque tu as du mal à t'exprimer, à communiquer tes idées ou tes émotions. Les pierres bleues peuvent t'aider à trouver ta voix, à t'exprimer avec clarté et authenticité.

Chakra du troisième œil (Ajna) - Indigo

Situé entre tes sourcils, il est lié à ton intuition, ta sagesse, ta vision intérieure et ta clairvoyance.

Pierres associées : amazonite, fluorite, angélite.

Dans quels cas équilibrer ce chakra avec les pierres ? Lorsque tu te sens confus·e, que tu manques de clarté mentale ou que tu as du mal à te connecter à ton intuition. Les pierres indigo peuvent t'aider à développer ton intuition, ta clairvoyance, et à accéder à ta sagesse intérieure.

Chakra couronne (Sahasrara) - Violet/Blanc

Situé au sommet de ta tête, il représente ta connexion spirituelle, ton lien à l'Univers et à ta conscience supérieure.

Pierres associées : améthyste, cristal de roche, sélénite.

Dans quels cas équilibrer ce chakra avec les pierres ? Lorsque tu te sens déconnecté·e de ta spiritualité, que tu cherches un sens à ta vie ou que tu souhaites développer ta conscience. Les pierres violettes et blanches peuvent t'aider à te connecter à ton être spirituel, à l'Univers et à ta mission de vie.

Dans quels cas équilibrer ses chakras avec les pierres ?

Imagine tes chakras comme des roues qui tournent. Lorsque tes chakras sont équilibrés, l'énergie circule librement dans ton corps, te permettant de te sentir en harmonie, en bonne santé et en paix. Mais lorsque tes chakras sont bloqués ou déséquilibrés, cela peut affecter ton bien-être physique, émotionnel et spirituel.

Les pierres peuvent t'aider à rééquilibrer tes chakras. Chaque pierre, par sa couleur et sa vibration, peut agir sur un chakra spécifique. Tu peux placer une pierre sur le chakra correspondant pendant ta méditation, la porter sur toi sous forme de bijou ou simplement la garder près de toi.

En harmonisant tes chakras, tu ouvres la porte à une vie plus épanouie, équilibrée et connectée. Tu trouveras dans la deuxième partie de ce guide un soin spécifique pour harmoniser les chakras (voir p. 76).

Quels sont mes chakras qui fonctionnent le moins bien ?

Écoute ton corps et ton intuition. Quels sont les chakras qui te semblent les moins équilibrés ? Note tes observations et les pierres que tu comptes utiliser pour harmoniser ces centres énergétiques.

8
CHAPITRE

Astrologie et pierres : une alliance cosmique et vibratoire

Chaque signe du zodiaque possède des caractéristiques uniques et des besoins spécifiques. En utilisant les pierres associées à ton signe, tu peux amplifier tes qualités positives et adoucir les aspects plus difficiles de ta personnalité.

BÉLIER
(21 MARS - 19 AVRIL)

Qualités : courageux, dynamique, leader naturel.
Défi : apprendre à gérer l'impatience.
Pierre : cornaline.
Pourquoi ? La cornaline, avec son énergie vibrante et stimulante, t'aidera à canaliser ton énergie débordante, à booster ta motivation et à rester concentré·e sur tes objectifs.
Rituel : porte une cornaline sur toi pendant les périodes de stress pour rester dynamique et garder ton enthousiasme.

TAUREAU
(20 AVRIL - 20 MAI)

Qualités : fiable, patient, déterminé.
Défi : s'adapter au changement.
Pierre : quartz rose.
Pourquoi ? Le quartz rose, pierre de l'amour et de la douceur, t'apportera paix intérieure, harmonie, et t'aidera à t'ouvrir aux changements avec plus de sérénité.
Rituel : place un quartz rose sous ton oreiller pour des nuits paisibles et des rêves doux.

GÉMEAUX
(21 MAI - 20 JUIN)

Qualités : communicatif, curieux, adaptable.
Défi : trouver la concentration.
Pierre : agate.
Pourquoi ? L'agate, pierre d'équilibre et de stabilité, t'aidera à calmer ton mental actif, à trouver la concentration et à canaliser ton énergie versatile.
Rituel : médite avec une agate dans ta main pour apaiser ton esprit, clarifier tes pensées et favoriser la concentration.

CANCER
(21 JUIN - 22 JUILLET)

Qualités : intuitif, empathique, loyal.
Défi : sortir de sa zone de confort émotionnelle.
Pierre : pierre de Lune.
Pourquoi ? La pierre de Lune, connectée à l'intuition et aux émotions, t'aidera à te connecter à ta sagesse intérieure, à développer ton intuition et à t'ouvrir à de nouvelles expériences émotionnelles.
Rituel : porte une pierre de Lune pendant la pleine lune pour amplifier tes émotions, ton intuition et ta connexion à la magie lunaire.

LION
(23 JUILLET - 22 AOÛT)

Qualités : créatif, charismatique, généreux.
Défi : écouter les autres.
Pierre : citrine.
Pourquoi ? La citrine, pierre de joie et d'abondance, amplifiera ta confiance en toi, ta créativité, et t'aidera à faire rayonner ta lumière intérieure avec générosité.
Rituel : place une citrine sur ton bureau pour stimuler ta créativité, booster ton enthousiasme et attirer la réussite dans tes projets.

VIERGE
(23 AOÛT - 22 SEPTEMBRE)

Qualités : méticuleux, pratique, fiable.
Défi : lâcher prise sur la perfection.
Pierre : amazonite.
Pourquoi ? L'amazonite, pierre d'harmonie et de communication, t'aidera à apaiser ton mental analytique, à lâcher prise sur le besoin de tout contrôler et à trouver un équilibre entre la raison et l'intuition.
Rituel : médite avec une amazonite pour clarifier tes pensées, réduire le stress et t'ouvrir à la flexibilité.

BALANCE
(23 SEPTEMBRE - 22 OCTOBRE)

Qualités : diplomate, équilibré, sociable
Défi : prendre des décisions.
Pierre : jade.
Pourquoi ? Le jade, pierre d'harmonie et de sagesse, t'aidera à trouver l'équilibre dans tes relations, à prendre des décisions justes et à cultiver la paix intérieure.
Rituel : porte un bracelet en jade pour attirer l'harmonie, la paix et la sérénité dans tes relations et ta vie quotidienne.

SCORPION
(23 OCTOBRE - 21 NOVEMBRE)

Qualités : passionné, déterminé, loyal.
Défi : lâcher prise sur les rancunes.
Pierre : labradorite.
Pourquoi ? La labradorite, pierre de transformation et de protection, t'aidera à explorer tes profondeurs émotionnelles, à te libérer des émotions négatives et à te protéger des influences extérieures.
Rituel : médite avec une labradorite pour renforcer ton pouvoir intérieur, ta résilience et ta capacité à transformer les épreuves en opportunités de croissance.

SAGITTAIRE
(22 NOVEMBRE - 21 DÉCEMBRE)

Qualités : optimiste, aventureux, honnête.
Défi : rester concentré.
Pierre : turquoise.
Pourquoi ? La turquoise, pierre de protection et de sagesse, t'accompagnera dans tes aventures, t'aidera à rester ancré dans tes valeurs et à communiquer ta vérité avec clarté.
Rituel : porte une turquoise lors de tes voyages pour te protéger, t'ouvrir à de nouvelles expériences et favoriser la communication avec les autres cultures.

CAPRICORNE
(22 DÉCEMBRE - 19 JANVIER)

Qualités : ambitieux, discipliné, patient.
Défi : lâcher prise sur le contrôle.
Pierre : quartz fumé.
Pourquoi ? Le quartz fumé, pierre d'ancrage et de pragmatisme, t'aidera à gérer ton ambition, à canaliser ton énergie de manière constructive et à lâcher prise sur le besoin de tout contrôler.
Rituel : garde un quartz fumé sur ton espace de travail pour ancrer ton énergie, favoriser la concentration et attirer la réussite dans tes projets.

VERSEAU
(20 JANVIER - 18 FÉVRIER)

Qualités : innovant, indépendant, humanitaire.
Défi : gérer les émotions.
Pierre : améthyste.
Pourquoi ? L'améthyste, pierre de spiritualité et d'intuition, t'aidera à te connecter à tes émotions, à développer ton intuition et à trouver un équilibre entre ton besoin d'indépendance et ta connexion aux autres.
Rituel : médite avec une améthyste pour éveiller ta conscience spirituelle, apaiser ton mental et favoriser l'inspiration.

POISSONS
(19 FÉVRIER - 20 MARS)

Qualités : empathique, intuitif, créatif.
Défi : rester ancré dans la réalité.
Pierre : aigue-marine.
Pourquoi ? L'aigue-marine, pierre de communication et de clarté, t'aidera à exprimer tes émotions avec fluidité, à clarifier tes idées et à rester ancré·e dans la réalité tout en nourrissant ton intuition.
Rituel : porte une aigue-marine pour apaiser tes émotions, favoriser la communication authentique et te connecter à la sagesse de l'eau.

Ma pierre astrologique et celle de mes proches

Découvre quelle pierre correspond à ton signe astrologique et à celui de tes proches. Note tes pierres astrologiques et explore leurs propriétés.

Moi

Signe astrologique : ....

Pierre : ....

Proche 1

Signe astrologique : ....

Pierre : ....

Proche 2

Signe astrologique : ....

Pierre : ....

Proche 3

Signe astrologique : ....

Pierre : ....

Proche 4

Signe astrologique : ....

Pierre : ....

9

CHAPITRE

Trouve la pierre parfaite

Voici quelques pistes pour t'aider à trouver celle qui résonne avec toi.

1

Laisse ton cœur te guider

Parfois, la pierre parfaite te choisit, plutôt que l'inverse. Lorsque tu explores une boutique de pierres ou que tu admires des photos en ligne, laisse-toi attirer par les couleurs, les formes ou les textures qui te parlent. Ressens-tu une attirance particulière pour une pierre ? Une sensation de chaleur, de douceur ou de vibration ? Écoute ton cœur, il sait ce dont tu as besoin.

2

Identifie tes besoins

Chaque pierre possède des vertus uniques qui peuvent t'aider à traverser les défis de la vie. Si tu traverses une période de stress, tu peux te tourner vers l'améthyste pour son énergie apaisante. Si tu manques de confiance en toi, le quartz rose t'enveloppera de douceur et d'amour. Si tu cherches à développer ton intuition, la labradorite sera une alliée précieuse.

3

Écoute ton intuition

Parfois, tu ressens intuitivement le besoin d'une pierre spécifique, sans savoir pourquoi. Fais confiance à ton instinct ! Peut-être traverses-tu une période de changement, de guérison émotionnelle ou tu as simplement besoin d'un petit coup de pouce énergétique. Laisse-toi guider par ton intuition, elle te mènera vers la pierre qui te correspond.

BESOIN D'UN PETIT COUP DE POUCE ?

Que ce soit pour un rendez-vous amoureux, un regain de confiance pour un entretien professionnel ou pour un apaisement face au stress, les pierres peuvent devenir tes alliées précieuses au quotidien. Voici 20 situations concrètes où les pierres peuvent te faire du bien :

1. **Rendez-vous amoureux :** glisse un quartz rose dans ta poche ou porte-le en bijou pour ouvrir ton cœur à l'amour, favoriser la tendresse et la complicité.

2. **Entretien professionnel :** la citrine, pierre de confiance et de réussite, t'aidera à faire rayonner ton potentiel et à attirer les opportunités.

3. **Prise de parole en public :** le lapis-lazuli, pierre de communication et d'éloquence, t'aidera à trouver les mots justes et à t'exprimer avec clarté et assurance.

4. **Réunion de famille :** l'aventurine verte, pierre d'harmonie et de compréhension, favorisera des échanges bienveillants et apaisera les tensions.

5. **Conflit avec une amie :** la pierre de Lune, pierre de douceur et de pardon, t'aidera à apaiser les émotions, à favoriser la compréhension mutuelle et à rétablir l'harmonie dans ta relation.

6. **Travail sous stress :** l'améthyste, pierre de paix et de sérénité, t'aidera à calmer ton mental, à gérer le stress et à retrouver la clarté.

7. **Voyage à l'étranger :** la tourmaline noire, pierre de protection, t'accompagnera dans tes déplacements, te protégeant des énergies négatives et favorisant un sentiment de sécurité.

8. **Examen ou test :** la fluorite, pierre de concentration et de mémoire, t'aidera à rester concentré·e, à assimiler les informations et à te souvenir de ce que tu as appris.

9. **Début d'un nouveau projet :** la citrine, pierre de créativité et d'abondance, t'aidera à donner vie à tes idées, à attirer les opportunités et à manifester tes rêves.

10. **Rencontre avec un nouveau client :** le jade, pierre d'harmonie et de prospérité, favorisera des relations professionnelles fructueuses et harmonieuses.

11. **Gestion de la colère :** l'améthyste, pierre d'apaisement et de patience, t'aidera à calmer tes émotions, à prendre du recul et à réagir avec plus de sérénité.

12. **Préparation à un déménagement :** le quartz clair (cristal de roche), pierre de purification et de clarté, t'aidera à te libérer des énergies du passé, à purifier ton nouveau lieu de vie et à accueillir le changement avec sérénité.

13 **Réduction des anxiétés nocturnes :** place une améthyste sous ton oreiller pour apaiser ton mental, favoriser la détente et t'offrir des nuits paisibles et réparatrices.

14 **Recherche de motivation :** la cornaline, pierre d'énergie et de vitalité, te donnera un coup de boost, t'aidera à surmonter la procrastination et à te mettre en action.

15 **Développement personnel :** le cristal de roche, pierre d'amplification et de sagesse, t'accompagnera sur ton chemin de croissance personnelle, t'aidant à clarifier tes intentions, à développer ton intuition et à te connecter à ta vérité intérieure.

16 **Se protéger d'une personne toxique :** la tourmaline noire ou la labradorite, pierres de protection, t'aideront à créer un bouclier énergétique pour te protéger des influences négatives et à préserver ton énergie.

17 **Gestion des finances :** la pyrite, pierre d'abondance et de prospérité, t'aidera à attirer la richesse, à gérer tes finances avec sagesse et à manifester tes objectifs financiers.

18 **Événement social important :** la sodalite ou le lapis-lazuli, pierres de communication, t'aideront à t'exprimer avec aisance, à te sentir à l'aise en société et à créer des connexions authentiques.

19 **Résolution de problèmes de communication :** la turquoise, pierre de communication et de vérité, favorisera le dialogue, la compréhension mutuelle et la résolution pacifique des conflits.

20 **Création artistique :** la fluorite, pierre de créativité et d'inspiration, stimulera ton imagination, t'aidera à trouver de nouvelles idées et à exprimer ton talent artistique avec fluidité.

Je note mes pierres en fonction de leur efficacité par domaine

Crée ton propre guide personnalisé ! Classe tes pierres en fonction de leur efficacité dans différents domaines : amour, protection, énergie, sommeil, etc. Note les pierres qui t'ont apporté les meilleurs résultats pour chaque besoin.

Domaine	Pierres efficaces

Domaine	Pierres efficaces

10 CHAPITRE

Invite la magie des pierres dans ton quotidien

En plus des soins de lithothérapie que je te propose dans la partie II, il existe une multitude de façons de les utiliser, simples et créatives, pour t'accompagner au quotidien et t'aider à te sentir mieux.

BIJOUX : élégance et énergie

Porter des bijoux ornés de pierres est une façon élégante et discrète de profiter de leurs bienfaits tout au long de la journée. Un collier avec un pendentif en quartz rose t'enveloppera d'amour et de douceur, une bague en améthyste t'apportera paix et sérénité, un bracelet en œil-de-tigre te protégera des énergies négatives. Laisse-toi guider par ton intuition et choisis les pierres qui te correspondent le mieux.

POCHE : ton soutien énergétique discret

Garder une pierre dans ta poche est une façon simple et discrète de maintenir une connexion avec son énergie. Choisis une pierre qui correspond à un besoin du moment : une agate pour l'équilibre émotionnel, une labradorite pour la protection, une citrine pour la joie et l'abondance... Sens sa présence apaisante et laisse-toi guider par son énergie.

PORTEFEUILLE : pour l'abondance

Placer une pierre comme la citrine ou le jade dans ton portefeuille est une façon symbolique d'attirer la prospérité et l'abondance financière dans ta vie.

Visualise l'énergie de la pierre qui rayonne dans tes finances et t'ouvre à de nouvelles opportunités.

BOUGIES : pour une ambiance magique

Les bougies parfumées aux pierres précieuses créent une ambiance chaleureuse et envoûtante dans ton espace. La lumière douce de la bougie, combinée à l'énergie de la pierre et au parfum délicat, t'aidera à te détendre, à te recentrer et à créer une atmosphère propice à la méditation. Par exemple, une bougie à l'améthyste favorisera la paix intérieure et la sérénité.

SOUS L'OREILLER :
rêves doux et réparateurs

Placer une pierre sous ton oreiller peut améliorer la qualité de ton sommeil et favoriser des rêves plus paisibles et inspirants. L'améthyste est une pierre idéale pour calmer le mental et favoriser un sommeil profond. Le quartz rose t'enveloppera de douceur et d'amour, tandis que la pierre de Lune stimulera ton intuition et tes rêves.

Ma méthode préférée

As-tu essayé de porter des bijoux en pierres, de glisser une pierre dans ta poche ou sous ton oreiller, d'utiliser des bougies aux cristaux ou de placer une pierre dans ton portefeuille ? Partage tes expériences et note ta méthode préférée.

Expérimente différentes façons d'utiliser les pierres et trouve celle qui te convient le mieux.

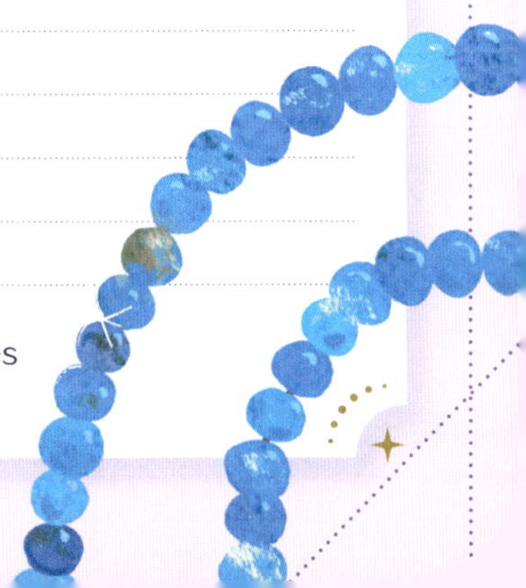

II

CHAPITRE

Écoute le langage des pierres

Voici quelques conseils pour t'aider à tisser un lien profond avec tes pierres.

RESSENS L'ÉNERGIE DE LA PIERRE

Connecte-toi à tes émotions

La pierre dans la main, recentre-toi et respire profondément. Quelles sont tes premières impressions ? Laisse ton cœur te guider.

Écoute tes sensations physiques

Passe doucement la pierre sur tes mains ou ton corps. Ressens-tu des picotements, des frissons, une sensation de chaleur ou de froid ? Ces réactions subtiles peuvent indiquer une connexion énergétique entre la pierre et toi.

Observe attentivement

Les pierres qui attirent ton regard ont souvent une résonance particulière avec ton énergie. Regarde avec attention sa couleur, sa forme, ses inclusions. Est-ce que cette pierre te captive, t'apaise, t'inspire ? Te donne-t-elle envie de créer, de te dépasser ?

RENFORCE TON LIEN AVEC LA PIERRE

Une fois que tu as trouvé une pierre qui te parle, voici comment approfondir ta connexion.

Visualise

Assieds-toi confortablement, tiens la pierre dans tes mains et ferme les yeux. Imagine une lumière douce et bienveillante qui vous enveloppe, la pierre et toi.

Programme

Concentre-toi sur une intention spécifique que tu souhaites confier à la pierre. Cela peut être la guérison d'une blessure émotionnelle, la confiance en toi pour un projet important, la protection contre les énergies négatives ou l'harmonie dans tes relations. Visualise cette intention comme une lumière qui imprègne la pierre, la chargeant d'une énergie positive (dans le chapitre suivant, je te donne la méthode exacte).

Communique

Place la pierre près de ton cœur, respire profondément et écoute. Ouvre-toi aux messages, aux intuitions ou aux impressions qui pourraient venir à toi.

12

CHAPITRE

Donne une mission aux pierres : la programmation

Les pierres peuvent t'accompagner et te soutenir dans tes projets, tes rêves et tes aspirations. En les programmant, tu leur confies une mission, une intention spécifique qui amplifiera leur énergie et les guidera pour t'aider à manifester tes désirs.

RESSENS L'ÉNERGIE DE LA PIERRE

Purification

Commence par purifier ta pierre pour la libérer de toutes les énergies qu'elle a pu accumuler. Tu peux la passer sous l'eau claire (sauf pour les pierres sensibles à l'eau), la purifier avec de la sauge, du palo santo, ou la laisser se recharger à la lumière de la Lune.

Intention

Définis clairement ton intention. Que souhaites-tu accomplir avec cette pierre ? Sois précis·e et concis·e.

Connexion

Tiens la pierre dans tes mains, ferme les yeux et connecte-toi à son énergie. Visualise ton objectif avec clarté et ressens l'énergie de ton intention se diffuser. Répéter des affirmations positives renforcera sa programmation (Cf. tableau pages 183-186).

Activation

Pour activer la pierre et son programme, place-la dans un endroit spécifique en lien avec ton intention. Par exemple, tu peux placer une citrine programmée pour l'abondance dans ton bureau ou ton portefeuille. Tu peux également méditer avec la pierre pour renforcer son énergie et ta connexion à elle.

Entretien

N'oublie pas d'entretenir la connexion avec ta pierre et de réactiver sa programmation régulièrement. Tu peux la purifier et la recharger à la lumière de la Lune, la tenir dans tes mains en répétant ton intention ou simplement lui parler avec amour et gratitude.

Avec quelles intentions programmer ma pierre ?

Programmer une pierre, c'est lui confier une intention précise, comme un souhait que tu lui murmures à l'oreille. Pourquoi aimerais-tu programmer une pierre ? Quel objectif souhaites-tu atteindre ? Note tes intentions et les pierres que tu aimerais programmer.

13

CHAPITRE

Trouve ton propre rythme avec les pierres

Tu te demandes peut-être à quelle fréquence utiliser tes pierres ? Y a-t-il une règle, un nombre de fois idéal ?

Chaque personne est unique, et ta relation aux pierres l'est aussi. Certaines personnes ressentent le besoin de porter des pierres sur elles en permanence, tandis que d'autres les utilisent de manière plus ponctuelle, lors de méditations ou de rituels. Il n'y a pas de bonne ou de mauvaise façon de faire, l'important est de trouver ce qui te convient le mieux.

QUELQUES PISTES POUR T'AIDER À TROUVER TON RYTHME

Écoute ton corps

Certaines personnes sont plus sensibles aux énergies des pierres que d'autres. Si tu ressens une forte connexion avec une pierre, tu peux la porter sur toi tous les jours. Si tu te sens un peu « surchargé·e » par son énergie, utilise-la de manière plus ponctuelle.

Identifie tes besoins

Si tu cherches à maintenir une énergie spécifique tout au long de la journée, par exemple la paix intérieure ou la protection, tu peux porter une pierre adaptée en bijou ou la garder dans ta poche. Si tu as un besoin plus ponctuel, comme la concentration pour un examen ou le courage pour une prise de parole en public, utilise la pierre correspondante pendant cette période.

Varie les plaisirs

Si tu travailles avec plusieurs pierres, n'hésite pas à les utiliser en rotation, en fonction de tes besoins du moment. Cela te permettra de profiter de la diversité des énergies et de ne pas « surcharger » une pierre en particulier.

14
CHAPITRE
Offrir une pierre : un cadeau du cœur

Offrir une pierre à un être cher est un geste touchant, chargé de sens et de bienveillance. Tu transmets non seulement la beauté de la pierre, mais aussi son énergie unique, capable d'apporter soutien, réconfort et positivité.

Mais comment choisir la pierre idéale pour cette personne ? Voici quelques pistes pour te guider :

ÉCOUTE TON CŒUR ET PENSE À SES BESOINS

La première étape est de réfléchir aux besoins de la personne à qui tu souhaites offrir ce cadeau. Traverse-t-elle une période difficile ? A-t-elle besoin de soutien émotionnel, de protection ou d'un regain d'énergie ?

- **Si elle a besoin de réconfort émotionnel,** le quartz rose, symbole d'amour et de paix intérieure, sera un compagnon doux et bienveillant.
- **Si elle cherche à se protéger des énergies négatives,** la tourmaline noire ou l'obsidienne, pierres d'ancrage et de protection, l'aideront à se sentir en sécurité.
- **Si elle a besoin d'un coup de pouce pour se concentrer,** le quartz fumé ou la fluorite, pierres de clarté mentale, favoriseront sa concentration et sa prise de décision.

LAISSE TON INTUITION TE GUIDER

Parfois, la meilleure façon de choisir une pierre est de laisser ton intuition te guider. Voici une petite technique : visualise la personne à qui tu veux offrir la pierre, connecte-toi à ton cœur et laisse tes mains parcourir les pierres. Tu ressentiras peut-être une attirance particulière pour une pierre, une sensation de chaleur, de douceur ou de vibration. Fais confiance à ce ressenti, il te guidera vers la pierre idéale.

INSPIRE-TOI DE SON SIGNE ASTROLOGIQUE

Chaque signe du zodiaque est associé à des pierres qui peuvent amplifier ses qualités et l'aider à surmonter ses défis.

- **Bélier :** cornaline pour l'énergie et le courage.
- **Taureau :** quartz rose pour la douceur et la paix.
- **Gémeaux :** agate pour la communication et l'adaptabilité.
- **Cancer :** pierre de Lune pour l'intuition et la sensibilité.
- **Lion :** citrine pour la confiance et l'abondance.
- **Vierge :** amazonite pour l'équilibre et l'organisation.
- **Balance :** jade pour l'harmonie et la justice.
- **Scorpion :** labradorite pour la transformation et la protection.
- **Sagittaire :** turquoise pour l'aventure et la sagesse.
- **Capricorne :** quartz fumé pour l'ancrage et la discipline.
- **Verseau :** améthyste pour la spiritualité et l'originalité.
- **Poissons :** aigue-marine pour la créativité et l'intuition.

EXPLORE LES PIERRES DE NAISSANCE

- **Janvier :** grenat.
- **Février :** améthyste.
- **Mars :** aigue-marine.
- **Avril :** diamant (ou quartz clair/ cristal de roche).
- **Mai :** émeraude (ou chrysoprase).
- **Juin :** pierre de Lune (ou alexandrite).
- **Juillet :** rubis (ou cornaline).
- **Août :** péridot.
- **Septembre :** saphir (ou lapis-lazuli).
- **Octobre :** opale (ou tourmaline).
- **Novembre :** citrine (ou topaze).
- **Décembre :** turquoise (ou tanzanite).

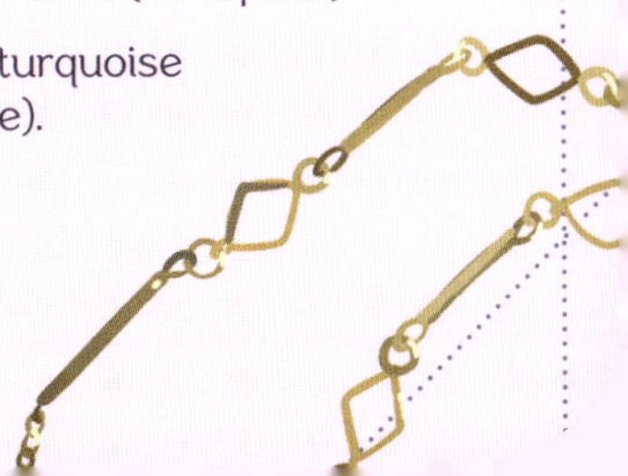

CHOISIS LA FORME QUI LUI PLAIRA

Une pierre peut se présenter sous différentes formes, chacune ayant sa propre beauté et son utilité.

Bijoux

Un pendentif, un bracelet ou des boucles d'oreilles, c'est à la fois esthétique et pratique pour porter la pierre sur soi.

Pierre de poche

Facile à transporter, elle permet de se connecter à l'énergie de la pierre à tout moment.

Pierre décorative

Une pierre brute ou polie peut apporter une touche d'élégance et d'énergie positive à son intérieur.

AJOUTE UNE TOUCHE PERSONNELLE

Pour rendre ton cadeau encore plus spécial, accompagne-le d'une petite carte expliquant pourquoi tu as choisi cette pierre et les bienfaits qu'elle peut apporter. Par exemple : « J'ai choisi ce quartz rose pour toi car il symbolise l'amour, la douceur et la paix intérieure. J'espère qu'il t'apportera réconfort et sérénité. »

Quelques idées pour t'inspirer :

- **Pour une amie stressée par le travail :** une améthyste pour apaiser son esprit et favoriser la relaxation.
- **Pour une personne hypersensible :** une tourmaline noire pour la protéger des énergies négatives.
- **Pour quelqu'un qui manque de confiance en soi :** un quartz rose pour développer l'amour de soi.
- **Pour quelqu'un qui a un nouveau projet :** une citrine pour attirer l'abondance et la réussite.
- **Pour une personne qui traverse un deuil :** une agate du Botswana pour l'aider à traverser cette période difficile.
- **Pour une jeune maman :** une pierre de Lune pour l'aider à se reconnecter à sa féminité et à son corps.
- **Pour un jeune papa :** une sodalite pour mieux communiquer avec sa partenaire et gérer ses émotions.

À qui j'aimerais offrir une pierre et pour quelle occasion ?

Offrir une pierre est un geste symbolique et attentionné.
À qui aimerais-tu offrir une pierre ? Pour quelle occasion ?
Note tes idées cadeaux et les pierres que tu aimerais offrir.

15

CHAPITRE

Médite avec les pierres : une invitation à la sérénité

Tes pensées se calment, ton corps se détend et tu te connectes à une profonde sensation de paix intérieure. C'est la magie de la méditation avec les pierres.

LES BIENFAITS DE LA MÉDITATION POUR TA SANTÉ

Prends un instant pour apprécier les bienfaits de la méditation pour ton bien-être.

- **Réduction du stress et de l'anxiété :** la méditation t'aide à calmer ton mental, à lâcher prise sur les pensées négatives et à retrouver un état de sérénité.
- **Amélioration de la concentration et de la clarté mentale :** en calmant le flot incessant des pensées, la méditation te permet de te concentrer plus facilement et de prendre des décisions plus claires.
- **Réduction des symptômes de la dépression :** la méditation favorise la production d'hormones du bonheur, comme la sérotonine et la dopamine, qui contribuent à améliorer l'humeur et à réduire les symptômes de la dépression.
- **Meilleure gestion des émotions :** la méditation t'apprend à observer tes émotions sans jugement, à les accueillir avec bienveillance et à mieux les gérer.
- **Amélioration du sommeil :** en calmant ton mental et en relaxant ton corps, la méditation favorise un sommeil plus profond et réparateur.
- **Renforcement de la résilience mentale :** la méditation te permet de développer ta force intérieure, ta capacité à faire face aux défis de la vie avec plus de sérénité et de courage.

POURQUOI MÉDITER AVEC LES PIERRES : UN GRAND « PLUS »

Les pierres sont chargées d'énergies naturelles qui peuvent influencer ton champ énergétique. Méditer avec les pierres peut t'aider à :

- **Équilibrer tes chakras :** chaque pierre correspond à un chakra particulier. En plaçant une pierre sur le chakra correspondant, tu peux aider à libérer les blocages énergétiques et à rétablir l'harmonie intérieure.
- **Renforcer ton intuition :** les cristaux amplifient ta connexion à ton intuition et t'aident à prendre des décisions alignées avec ton être profond.
- **Apaiser ton esprit :** en te concentrant sur les propriétés calmantes des pierres, la méditation devient un refuge paisible pour ton mental.
- **Guérir les maux du quotidien :** les énergies curatives des pierres peuvent agir sur tes énergies intérieures, t'aidant à te sentir mieux tant émotionnellement que physiquement.
- **Vivre une expérience amplifiée :** les pierres renforcent ton intention et t'aident à te connecter à ton être profond.

16

CHAPITRE

Comment méditer avec les pierres ?

Découvre comment les pierres vont amplifier ton expérience de la méditation pour un voyage intérieur unique.

Choisis ta pierre

Laisse-toi guider par ton intuition et choisis une pierre qui résonne avec ton état émotionnel ou ton intention de méditation. Tu peux te tourner vers le quartz rose pour cultiver l'amour de soi, l'améthyste pour apaiser l'esprit, la citrine pour booster ton énergie ou la labradorite pour développer ton intuition.

Crée un espace sacré

Avant de commencer, prends un moment pour préparer ton espace de méditation. Trouve un endroit calme et confortable où tu ne seras pas dérangé·e. Allume une bougie, diffuse de l'encens ou simplement assure-toi que tu te sens bien dans cet espace.

Connecte-toi à la pierre

Tiens ta pierre dans tes mains ou place-la devant toi. Respire profondément et laisse-toi envelopper par sa présence. Sens sa texture, sa température, observe ses couleurs et ouvre-toi à son énergie.

Visualise et affirme

Ferme les yeux et visualise la lumière de la pierre qui se diffuse à travers tout ton être. Formule une affirmation positive en lien avec ton intention de méditation. Par exemple, si tu utilises un quartz rose, tu peux répéter : « Je suis rempli·e d'amour et de gratitude. »

Écoute tes sensations

Reste attentif·ve aux sensations physiques et émotionnelles que la pierre éveille en toi. Laisse-toi bercer entre cinq et dix minutes par sa douceur, sa force ou sa vibration, selon ce dont tu as besoin à ce moment précis.

Ma première méditation avec les pierres, retour d'expérience

Plonge au cœur de la relaxation ! Décris ta première expérience de méditation avec les pierres. Quelles pierres as-tu utilisées ? Quels effets as-tu ressentis ? Note tes impressions et tes découvertes.

17
CHAPITRE

Prends soin de tes pierres, elles prendront soin de toi

Au fil du temps, les pierres absorbent les énergies qui les entourent, positives comme négatives. Avec l'expérience, tu t'apercevras que lorsqu'une pierre semble ne plus « fonctionner », c'est simplement qu'elle est saturée. Il est donc important de les purifier régulièrement pour les libérer des énergies indésirables et de les recharger pour leur redonner toute leur vitalité.

Etape 1 :

LA PURIFICATION

La purification est comme un bain énergétique pour tes pierres. Elle permet de les nettoyer en profondeur et de les remettre à zéro, prêtes à t'offrir leurs bienfaits.

Voici quelques méthodes simples et efficaces :

Fumigation

Passe tes pierres à travers la fumée d'encens, de sauge blanche ou de palo santo pendant quelques instants. La fumée, chargée d'une énergie purificatrice, nettoiera tes pierres et dissipera les énergies négatives.

Eau

Pour les pierres qui le supportent (attention, certaines pierres sont sensibles à l'eau, voir le chapitre 19 où je donne les détails), passe-les doucement sous l'eau courante pendant quelques minutes. Visualise l'eau qui emporte les énergies indésirables.

Cristal de roche

Place tes pierres près d'un amas de cristal de roche, quelques heures ou toute la nuit... Le cristal de roche, puissant amplificateur et purificateur, nettoiera et rechargera tes pierres.

Etape 2 :

LE RECHARGEMENT

Après la purification, il est important de recharger tes pierres pour leur redonner toute leur énergie. Elles sont semblables à des batteries qui ont besoin d'être rechargées pour fonctionner de manière optimale. La règle générale est que les pierres opaques préfèrent le soleil et les cristaux plutôt la lune.

Voici quelques méthodes pour les revitaliser :

Lumière lunaire

Dispose tes pierres à l'extérieur ou sur le rebord d'une fenêtre pendant la nuit, sous la douce lumière de la Lune. La Lune, symbole de féminité et d'intuition, rechargera tes pierres d'une énergie douce et bienveillante. La pleine lune est particulièrement puissante pour recharger les pierres.

Lumière solaire

Certaines pierres, notamment les opaques, apprécient de se recharger à la lumière du Soleil. Expose-les au Soleil pendant quelques heures, en évitant les heures les plus chaudes de la journée. Attention, certaines pierres, comme l'améthyste, peuvent se décolorer au soleil.

Plaque de Fleur de Vie

Place tes pierres sur une plaque de Fleur de Vie pendant quelques heures. Ce symbole sacré, représentant l'harmonie et la création, aidera à harmoniser et recharger leurs énergies.

Terre

Enterre tes pierres dans le sol pendant quelques heures pour les reconnecter à l'énergie de la terre. N'oublie pas de les nettoyer à l'eau claire après les avoir sorties de terre.

À QUELLE FRÉQUENCE PURIFIER ET RECHARGER LES PIERRES ?

La fréquence idéale dépend de ton utilisation des pierres et de ton ressenti. Si tu utilises tes pierres quotidiennement, il est conseillé de les purifier et de les recharger au moins une fois par semaine. Si tu les utilises plus occasionnellement, une fois par mois peut suffire. Si une pierre te semble lourde, terne ou que ses propriétés s'amenuisent, c'est sûrement le signe qu'elle a besoin d'être purifiée et rechargée.

Dates pour mes purifications et rechargements

Prends soin de tes pierres ! Note les dates de tes purifications et rechargements pour chaque pierre. Tu peux utiliser un calendrier lunaire pour t'aider à choisir les moments les plus propices.

Pierre :	Purification :	Rechargement :
Pierre :	Purification :	Rechargement :
Pierre :	Purification :	Rechargement :
Pierre :	Purification :	Rechargement :
Pierre :	Purification :	Rechargement :
Pierre :	Purification :	Rechargement :
Pierre :	Purification :	Rechargement :
Pierre :	Purification :	Rechargement :
Pierre :	Purification :	Rechargement :
Pierre :	Purification :	Rechargement :
Pierre :	Purification :	Rechargement :

18
CHAPITRE
Où ranger tes pierres ?

Pour préserver la beauté et l'énergie de tes pierres, voici quelques conseils de rangement :

Protège-les de la lumière

Range tes pierres dans des boîtes opaques ou des tiroirs pour éviter qu'elles ne se décolorent au soleil.

Garde-les au sec

Conserve tes pierres dans des pochons en tissu ou des boîtes hermétiques pour les protéger de l'humidité.

Sépare-les

Utilise des pochettes individuelles ou des compartiments dans une boîte pour éviter que tes pierres ne se rayent entre elles.

Manipule-les avec douceur

Évite de faire tomber tes pierres ou de les cogner, certaines sont plus fragiles que d'autres.

19 CHAPITRE

Tes cristaux et leurs petites sensibilités

Attention, derrière la beauté apparente des pierres se cachent parfois des âmes sensibles ! Certains cristaux n'apprécient guère les bains de soleil, tandis que d'autres fondent littéralement au contact de l'eau.

Pour éviter tout drame, voici un petit guide pour t'aider à prendre soin de tes trésors :

Cristaux qui préfèrent l'ombre au soleil

Améthyste : cette pierre violette, symbole de paix et de spiritualité, préfère la douceur de la lumière lunaire aux rayons ardents du soleil.

Quartz rose : la pierre de l'amour, avec sa couleur rose tendre, risque de perdre son éclat si elle est exposée trop longtemps au soleil.

Citrine : cette pierre jaune, symbole de joie et d'abondance, peut également se décolorer sous l'effet du soleil.

Aventurine : cette pierre verte, symbole d'harmonie et porte-bonheur, préfère les endroits ombragés pour conserver sa beauté.

Et d'autres encore ! Apophyllite, aigue-marine, quartz fumé, super seven...

Cristaux qui craignent l'eau plus que tout

Sélénite : cette pierre blanche, connue pour sa pureté et sa connexion à la lumière, se dissout littéralement dans l'eau.

Calcite : cette pierre aux multiples couleurs, symbole de transformation et d'amplification, est également très sensible à l'eau.

Turquoise : cette pierre bleu-vert, pierre de protection et de communication, peut se fissurer ou perdre sa couleur au contact de l'eau.

Malachite : cette pierre vert intense, pierre de transformation et de protection, est également à manipuler avec précaution car elle peut libérer des toxines au contact de l'eau.

Et d'autres encore ! Angélite, azurite, opale, pierre de Lune...

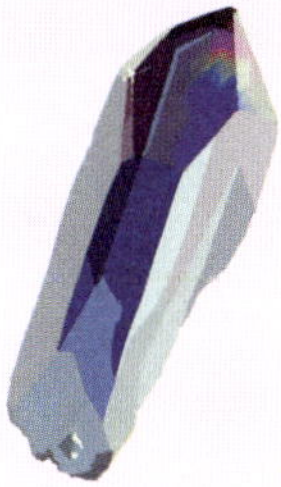

20
CHAPITRE

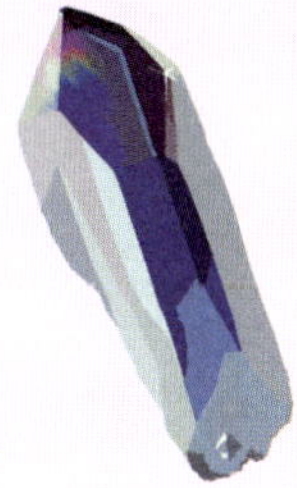

Réveille la guérisseuse/ le guérisseur qui sommeille en toi

As-tu déjà ressenti que tu faisais du bien aux autres, par tes paroles, tes conseils, ton écoute, ta voix ? Nous avons tou.te.s en nous un potentiel de guérison, une force intérieure capable de réharmoniser, que les pierres peuvent amplifier.

QU'EST-CE QU'UN GUÉRISSEUR ?

Un guérisseur, c'est une personne qui utilise son énergie, son intention et sa compassion pour aider à soulager les maux, qu'ils soient physiques ou émotionnels. Ce don n'est pas réservé à une élite, il est présent en chacun de nous. Il s'agit de se reconnecter à sa propre force vitale, d'écouter les messages de son corps et de son âme et d'utiliser cette énergie pour favoriser le bien-être.

COMMENT ÇA MARCHE ?

La guérison énergétique repose sur trois piliers :

Énergie et intention

Passe tes pierres à travers la fumée d'encens, de sauge blanche ou de palo santo pendant quelques instants. La fumée, chargée d'une énergie purificatrice, nettoiera tes pierres et dissipera les énergies négatives.

Connexion à soi

Pour être un guérisseur, il est essentiel d'être à l'écoute de soi-même. Apprends à reconnaître les signaux de ton corps, à comprendre tes émotions et à écouter les murmures de ton intuition.

Utilisation des pierres

Les pierres sont de merveilleux outils pour amplifier et canaliser ton énergie de guérison. Chaque pierre possède une vibration unique qui peut soutenir ton intention et favoriser le processus de guérison.

RÉVEILLE TON GUÉRISSEUR INTÉRIEUR

Voici quelques étapes pour te connecter à ton pouvoir de guérison :

Prends conscience de tes énergies

Commence par explorer tes propres énergies. Prends quelques minutes chaque jour pour te centrer, respirer profondément et ressentir les énergies en toi et autour de toi. La méditation est une pratique précieuse pour développer cette conscience énergétique.

Utilise les pierres

Choisis des pierres qui te correspondent et qui soutiennent ton intention de guérison. Tiens-les dans tes mains pendant ta méditation, place-les sur les zones de ton corps qui ont besoin de soin ou porte-les sur toi sous forme de bijoux.

Écoute ton corps

Ton corps est un messager sage, il te parle constamment à travers des sensations, des émotions, des douleurs. Apprends à décoder ses messages, et interroge-toi sur la cause profonde. Parfois, prendre simplement conscience du problème permet de libérer une partie de l'énergie négative.

Crée des rituels simples

Les rituels, même les plus simples, peuvent amplifier ton intention de guérison.

Voici un exemple :

- Trouve un endroit calme et paisible.
- Allume une bougie et choisis une pierre de guérison.
- Tiens la pierre dans tes mains, ferme les yeux et concentre-toi sur ton intention de guérison. Par exemple : « Je libère toutes les tensions de mon corps et je retrouve un état de bien-être profond. »
- Visualise une lumière douce et apaisante qui émane de la pierre et enveloppe ton corps, dissolvant les blocages et apportant harmonie et guérison.
- Remercie la pierre et toi-même pour ce moment de connexion et de guérison.

Durant tes rituels et tes visualisations, tu peux aussi orienter les énergies de guérison vers une personne, un animal ou une plante.

21

CHAPITRE

Partage la magie des pierres avec tes proches

Tu as découvert le pouvoir des pierres et cristaux pour ton propre bien-être, et tu aimerais maintenant offrir des soins à tes proches ? C'est une belle intention ! Les pierres apaisent les maux, réconfortent le cœur et favorisent la guérison.

Voici un guide pour t'aider à utiliser les cristaux avec bienveillance et respect pour accompagner ceux que tu aimes sur leur chemin de mieux-être.

AVANT DE COMMENCER : L'ÉCOUTE AU CŒUR DU SOIN

Avant de proposer un soin avec les pierres à un proche, prends le temps de discuter avec lui, de comprendre ses besoins et ses attentes. Muni·e de ton carnet et de tes stylos, commence par quelques questions qui t'aideront à guider tes soins :

Qu'est-ce qui te préoccupe ou te dérange en ce moment ?

Cette question te permettra de cibler l'intention du soin. S'agit-il de soulager le stress, d'apaiser une douleur physique ou émotionnelle, ou simplement de créer un moment de détente et de bien-être ?

As-tu déjà utilisé des cristaux ?

Si la personne a déjà une expérience avec les pierres, tu pourras adapter ton approche en fonction de ses connaissances et de son niveau de confort.

Quelles sensations ou émotions aimerais-tu ressentir après le soin ?

Cette question permettra à la personne de se connecter à ses propres besoins et de s'ouvrir à l'expérience avec une intention claire.

CRÉATION D'UN ESPACE SACRÉ

Pour que le soin se déroule dans les meilleures conditions, prends le temps de créer un espace accueillant, apaisant et propice à la détente :

Choisis les pierres

Sélectionne les pierres en fonction des besoins exprimés par la personne et de ton intuition.

Crée une ambiance relaxante

Diffuse une musique douce et apaisante, allume des bougies et utilise un encens naturel pour purifier l'espace et favoriser la détente.

Centre-toi et clarifie ton intention

Prends quelques instants pour te connecter à ton cœur, respirer profondément et clarifier ton intention de guérison. Visualise la personne recevant les bienfaits des pierres et se sentant mieux.

PENDANT LE SOIN

Place les pierres

Dispose les pierres avec douceur et respect. Tu peux les placer sur les chakras de la personne pour harmoniser l'énergie, directement sur les zones douloureuses ou autour de son corps pour créer un bain énergétique.

Guide la respiration

Invite la personne à respirer profondément et à se détendre. Encourage-la à se concentrer sur ses sensations et à accueillir l'énergie des pierres.

Observe et ajuste

Sois attentif·ve aux réactions de la personne pendant le soin. Si nécessaire, ajuste le placement des pierres, propose une couverture si elle a froid ou adapte la musique. L'important est que la personne se sente à l'aise et en confiance.

APRÈS LE SOIN

Retire les pierres

Retire les pierres avec douceur et remercie-les pour leur énergie.

Purifie et recharge les pierres

Nettoie les pierres pour éliminer les énergies accumulées et recharge-les pour qu'elles soient prêtes à être utilisées à nouveau.

Exprime ta gratitude

Remercie la personne pour sa confiance et partage tes ressentis avec elle. Clôture l'espace avec respect et bienveillance.

Purifie-toi

N'oublie pas de te purifier également, en te lavant les mains ou en utilisant une technique de purification énergétique, pour te libérer des énergies que tu as pu absorber pendant le soin.

CONSEILS PRATIQUES

- **Position de la personne :** la personne peut être allongée sur le dos, sur le ventre ou assise, selon son confort et ses préférences. L'important est qu'elle soit confortablement installée.
- **Durée du soin :** laisse les pierres en place pendant environ 10 minutes pour permettre à leurs énergies de se diffuser. Tu peux adapter la durée du soin en fonction des besoins de la personne et de ton intuition.
- **Vêtements :** les pierres peuvent traverser les vêtements, il n'est donc pas nécessaire de les retirer.
- **Placement des pierres :** le placement des pierres peut varier selon ton intuition, les chakras ou les zones de douleur spécifiques. Si la personne ressent des douleurs ou des tensions particulières, place une pierre apaisante directement sur la zone concernée.
- **Fixation des pierres :** si nécessaire, tu peux utiliser des bandes adhésives douces pour fixer les pierres sur le corps, en veillant à ce qu'elles ne soient pas trop serrées.

À qui je peux proposer un soin de lithothérapie ?

Partage la magie des pierres ! À qui aimerais-tu proposer un soin de lithothérapie ? Pense aux personnes qui pourraient bénéficier de l'énergie bienfaisante des pierres. Note leurs noms et les raisons de ton choix.

Prénom :	Pourquoi :
✦	✦
✦	✦
✦	✦
✦	✦
✦	✦

PARTIE 2

Je pratique

Cette deuxième partie est une invitation à l'expérimentation dans laquelle tu pourras découvrir par toi-même les pouvoirs des cristaux.

Oublie les théories, ici on met la main à la pâte ! Tu trouveras des protocoles précis, des rituels simples et efficaces, des exercices de respiration et de visualisation, des points d'acupression à stimuler avec tes pierres… Un véritable guide pratique pour intégrer les cristaux dans ton quotidien et les utiliser pour :

Harmoniser tes chakras
Retrouve ton équilibre énergétique et fais circuler l'énergie vitale en toi ;

Te protéger des énergies négatives
Crée un bouclier protecteur autour de toi et éloigne les influences néfastes ;

T'apaiser et gérer tes émotions
Trouve la sérénité, la paix intérieure et apprends à gérer le stress, l'anxiété et la colère ;

Attirer l'abondance
Ouvre-toi à la prospérité, la réussite et la chance dans tous les domaines de ta vie ;

Soulager des maux physiques
Utilise les pierres pour soulager les maux de tête, la fatigue, les douleurs articulaires, les problèmes de digestion et bien plus encore.

Comment sont organisés les protocoles ?

Pour t'accompagner dans ta pratique, tu trouveras dans cette partie des fiches de soins détaillées pour chaque rituel. Ces fiches sont conçues pour te guider pas à pas, tout en te laissant la liberté d'adapter les protocoles à ton intuition et aux besoins de la personne que tu accompagnes.

PRÉSENTATION DU SOIN

Une brève description du soin, de ses bienfaits et des pierres recommandées ;

PRÉPARATION

Les étapes pour préparer l'espace, choisir les pierres et créer une ambiance propice à la détente ;

PROTOCOLE

Un guide étape par étape pour réaliser le soin, avec des instructions claires sur le placement des pierres, les techniques de respiration, de visualisation et d'affirmation.

Tu trouveras de précieuses fiches de soins, prêtes à l'emploi, dans la partie IV.

Soins généraux

SOIN POUR HARMONISER TES CHAKRAS : RÉVEILLE L'ÉNERGIE VITALE QUI EST EN TOI

Ressens-tu un manque d'énergie, des émotions bloquées ou une difficulté à te connecter à ta spiritualité ? Il se peut que tes chakras, ces centres énergétiques qui gouvernent le flux de l'énergie vitale dans ton corps, soient déséquilibrés (identifie-les au chapitre 7).

ÉTAPE PAR ÉTAPE : HARMONISE TES CHAKRAS AVEC LES PIERRES

✦ **Objectif :** rétablir l'équilibre énergétique des chakras et favoriser une circulation harmonieuse de l'énergie vitale.

✦ **Pierres recommandées :**

- Cristal de roche ou améthyste
- Lapis-lazuli
- Aigue-marine
- Quartz rose ou aventurine verte
- Citrine
- Cornaline
- Hématite

Alternative au soin

- Si tu n'as pas toutes les pierres recommandées, tu peux utiliser celles que tu as à disposition en fonction de la correspondance couleur/chakra ou de leurs propriétés, en te concentrant sur les chakras que tu souhaites harmoniser en priorité.
- Tu peux également utiliser une seule pierre, comme le cristal de roche (quartz clair), qui a la capacité d'harmoniser tous les chakras.

✦ **Préparation :**

- Trouve un endroit calme et confortable où tu ne seras pas dérangé·e.
- Tamise la lumière, allume une bougie si tu le souhaites et diffuse une musique douce et relaxante.
- Purifie et recharge tes pierres avant de commencer le soin.

DÉBUT DU SOIN

- Allonge-toi confortablement sur le dos, les bras le long du corps, les paumes vers le ciel. Tu peux également t'asseoir confortablement, le dos droit, sur un coussin ou une chaise.

- Ferme les yeux et prends quelques respirations profondes, en inspirant par le nez et en expirant par la bouche.
- Laisse ton corps se détendre, relâche tes épaules, décrispe ta mâchoire et laisse aller toutes les tensions.

PLACEMENT DES PIERRES

Hématite : place l'hématite sous tes pieds ou sur ton coccyx, pour ancrer ton énergie et te connecter à la terre.

Cornaline : place la cornaline sur ton bas-ventre, au niveau du chakra sacré, pour stimuler ta créativité, ton énergie vitale et ta sensualité.

Citrine : place la citrine sur ton estomac, légèrement au-dessus du nombril, au niveau du chakra du plexus solaire, pour renforcer ta confiance en toi, ton pouvoir personnel et ta capacité à prendre des décisions.

Quartz rose ou aventurine verte : place le quartz rose ou l'aventurine verte sur ta poitrine, au niveau du chakra du cœur, pour ouvrir ton cœur à l'amour, la compassion et la guérison émotionnelle.

Aigue-marine : place l'aigue-marine sur ta gorge, dans le creux, au niveau du chakra de la gorge, pour apprendre à lâcher prise, renforcer la communication et faire confiance.

Lapis-lazuli : place le lapis-lazuli sur ton front, entre les sourcils, au niveau du chakra du troisième œil, pour développer ton intuition, ta sagesse et ta connexion spirituelle.

Cristal de roche ou améthyste : place le cristal de roche ou l'améthyste sur le sommet de ta tête, au niveau du chakra couronne, pour te connecter à l'énergie universelle, favoriser la paix intérieure et l'éveil spirituel.

CLÔTURE DU SOIN

- Reste dans cette position pendant 10 à 15 minutes, en respirant profondément et en visualisant une douce lumière blanche qui s'écoule à travers chaque chakra, les équilibrant et les harmonisant.
- Lorsque tu te sens prêt·e, ouvre doucement les yeux et prends quelques instants pour revenir à ton état de conscience habituel.
- Remercie les pierres pour leur énergie et range-les avec soin.

Mantra pour amplifier le soin

Répète ce mantra silencieusement ou à voix haute :

« *Mes chakras sont alignés et harmonisés. L'énergie vitale circule librement en moi, apportant santé, bien-être et paix intérieure.* »

Mes petits conseils en plus

Ce soin énergétique est un moment précieux pour te reconnecter à ton corps, à tes émotions et à ton énergie vitale. Voici quelques pistes de réflexion pour t'aider à intégrer cette pratique dans ton quotidien et à cultiver un état de bien-être global :

Écoute ton corps : apprends à reconnaître les signaux que ton corps t'envoie. Si tu te sens fatigué·e, stressé·e ou émotionnellement déstabilisé·e, prends le temps de te reposer, de te détendre et de te reconnecter à tes besoins.

Nourris ton esprit : accorde-toi des moments de silence, de méditation ou de contemplation pour calmer ton mental et te connecter à ta sagesse intérieure. Lis des livres inspirants, écoute de la musique qui te nourrit l'âme et nourris ton esprit de pensées positives et bienveillantes.

Prends soin de tes émotions : accueille tes émotions sans jugement, laisse-les s'exprimer et apprends à les gérer de manière saine et constructive. La respiration profonde, le yoga, l'écriture ou l'art peuvent t'aider à libérer tes émotions et à retrouver ton équilibre.

Connecte-toi à la nature : passe du temps dans la nature, marche pieds nus sur l'herbe, respire l'air frais, contemple la beauté du monde qui t'entoure. La nature est une source d'énergie puissante qui te ressource et t'harmonise.

Entoure-toi de personnes positives : fréquente des personnes qui te soutiennent, t'inspirent et te font du bien. Évite les relations toxiques qui drainent ton énergie.

En prenant soin de ton corps, de ton esprit et de tes émotions, tu crées un terrain fertile pour que l'énergie vitale circule librement en toi et que tu puisses vivre une vie plus harmonieuse, plus sereine et plus épanouie.

SOIN POUR LE CŒUR ET L'ESPRIT : UN MOMENT DE DOUCEUR

Ce soin t'invite à un moment de douceur pour apaiser ton mental, calmer tes émotions et te reconnecter à la paix intérieure. Laisse-toi envelopper par l'énergie bienveillante de l'améthyste et du quartz rose, et laisse le stress fondre comme neige au soleil.

✦ **Objectif :** créer un espace de calme et de sérénité pour apaiser le mental et les émotions.

✦ **Pierres recommandées :**

- Améthyste : pour ses effets apaisants, sa protection et sa capacité à favoriser la paix intérieure.
- Quartz rose : pour favoriser l'amour de soi, la paix intérieure et la guérison émotionnelle.
- Pierre de Lune : pour apaiser les émotions et favoriser la douceur.
- Howlite : pour calmer le mental et favoriser la paix intérieure.
- Calcite bleue : pour favoriser le calme et la relaxation.
- Chrysoprase : pour protéger le cœur et favoriser la paix intérieure.
- Lépidolite : pour calmer l'anxiété et favoriser l'équilibre émotionnel.

✦ **Préparation :**

- Trouve un endroit calme et confortable où tu ne seras pas dérangé·e.
- Tamise la lumière, allume une bougie si tu le souhaites et diffuse une musique douce et relaxante.
- Purifie et recharge les pierres avant de commencer le soin.

DÉBUT DU SOIN

- Assieds-toi ou allonge-toi confortablement, les yeux fermés.
- Prends quelques respirations profondes et laisse ton corps se détendre.
- Visualise une lumière douce et rosée qui t'enveloppe, te réconforte et te libère de toutes les tensions.

PLACEMENT DES PIERRES

Améthyste : place l'améthyste sur ton front, entre les sourcils (sur le chakra du troisième œil) ou près de ta tête. Sens son énergie apaisante qui calme ton mental et t'invite à la paix intérieure.

Quartz rose : tiens le quartz rose dans tes mains, en le plaçant contre ton cœur (sur le chakra du cœur), ou pose-le sur ta poitrine. Ressens son énergie douce et bienveillante qui apaise tes émotions et t'enveloppe d'amour.

CLÔTURE DU SOIN

- Reste dans cette position pendant 10 à 15 minutes, en respirant profondément et en te laissant bercer par l'énergie des pierres.
- Lorsque tu te sens prêt·e, ouvre doucement les yeux et prends quelques instants pour revenir à ton état de conscience habituel.
- Remercie les pierres pour leur énergie et range-les avec soin.

Mantra pour amplifier le soin

Répète ce mantra silencieusement ou à voix haute :

« Je suis en paix. Mon cœur est calme.
Mon esprit est serein. Je m'ouvre à l'amour,
à la douceur et à la guérison. »

Mes petits conseils en plus

Tu peux réaliser ce soin aussi souvent que tu en ressens le besoin, surtout lorsque tu te sens stressé·e, anxieux·se ou émotionnellement perturbé·e.

N'hésite pas à prolonger la durée du soin si tu le souhaites et à adapter la position des pierres en fonction de ton ressenti.

Tu peux également diffuser des huiles essentielles relaxantes, comme la lavande ou la camomille, pour amplifier l'effet apaisant du soin.

Soins émotionnels

SOIN D'ANCRAGE

Te sens-tu parfois comme un bateau à la dérive, ballotté·e par les vagues des émotions et des événements extérieurs ? Ce sentiment de flottement, de déconnexion et de confusion peut être le signe d'un manque d'ancrage.

✦ Voici quelques signes qui peuvent t'alerter:

- Tu te sens souvent dépassé·e par les événements, submergé·e par les émotions ou les pensées.
- Tu as du mal à te concentrer ou à prendre des décisions.
- Tu te sens déconnecté·e de ton corps, comme si tu flottais à côté de lui.
- Tu manques de confiance en toi, tu doutes de tes capacités et tu te laisses facilement influencer par les autres.
- Tu te sens émotionnellement instable, passant d'un extrême à l'autre sans raison apparente.
- Tu éprouves une sensation de flou mental, de confusion ou de manque de clarté.

Si tu te reconnais dans ces signes, ce soin d'ancrage est fait pour toi ! Il t'aidera à te reconnecter à la terre, à retrouver ta stabilité intérieure et à te sentir solidement enraciné·e dans le moment présent.

✦ **Objectif :** renforcer l'ancrage à la terre, retrouver la stabilité et la clarté mentale.

✦ Pierres recommandées :

- **Jaspe rouge :** pour renforcer l'ancrage, la vitalité et le courage, et connecter à l'énergie de la terre.
- **Tourmaline :** pour équilibrer les énergies et ancrer à la terre.
- **Hématite :** pour renforcer l'ancrage et la connexion à la terre.
- **Obsidienne noire :** pour purifier l'aura et éliminer les blocages énergétiques.
- **Jaspe :** pour connecter à la nature et favoriser la stabilité émotionnelle.
- **Bois pétrifié :** pour stabiliser l'énergie et connecter à la sagesse ancestrale de la terre.

Alternative au soin

Porte un bracelet en jaspe rouge tout au long de la journée pour bénéficier de son énergie stabilisante et protectrice. Si tu souffres d'un problème de santé, consulte un professionnel de santé qualifié.

✦ Préparation :

- Trouve un endroit calme et confortable où tu peux te détendre sans être dérangé·e.
- Assieds-toi confortablement sur un coussin ou une chaise, les pieds bien à plat sur le sol.
- Purifie et recharge tes pierres avant de commencer le soin.

DÉBUT DU SOIN

- Ferme les yeux et prends quelques respirations profondes, en inspirant par le nez et en expirant par la bouche.
- Laisse ton corps se détendre et relâche toutes les tensions.
- Visualise des racines qui partent de tes pieds et s'enfoncent profondément dans la terre, te connectant à son énergie stable et nourrissante.

PLACEMENT DES PIERRES ET VISUALISATION

- Tiens le jaspe rouge dans ta main dominante et sens son énergie chaude et réconfortante.
- Visualise une douce lumière rouge qui émane de la pierre et se diffuse dans tout ton corps, ancrant chaque partie de toi à la terre.
- Pose doucement le jaspe rouge sur tes pieds ou sur ton chakra racine, situé à la base de ta colonne vertébrale.
- Place la tourmaline noire devant toi, sur le sol, pour créer un bouclier protecteur autour de ton énergie.
- Continue à respirer profondément, en inspirant par le nez et en expirant par la bouche, et répète cette affirmation : « Je suis enraciné·e, je suis solide, je suis en paix. »

CLÔTURE DU SOIN

- Reste dans cette position pendant 10 à 15 minutes, en visualisant l'énergie des pierres qui t'ancrent et te protègent.
- Lorsque tu te sens prêt·e, ouvre doucement les yeux et prends quelques instants pour revenir à ton état de conscience habituel.
- Remercie les pierres pour leur énergie et range-les avec soin.

Mantra pour amplifier le soin

Répète ce mantra silencieusement ou à voix haute :

« Je suis ancré·e à la terre, je suis stable et en sécurité.
Mon esprit est clair, mes émotions sont apaisées,
je suis présent·e ici et maintenant. »

Mes petits conseils en plus

N'hésite pas à essayer ces techniques pour renforcer ton ancrage.

Marche pieds nus : prends quelques minutes chaque jour pour marcher pieds nus sur l'herbe, le sable ou la Terre. Sens la connexion avec la terre et laisse son énergie te revitaliser.

Passe du temps dans la nature : entoure-toi d'arbres, de plantes, d'eau. La nature est une source d'énergie puissante qui t'aidera à te sentir plus ancré·e et en paix.

Pratique des exercices d'ancrage : assieds-toi confortablement, les pieds bien à plat sur le sol, et visualise des racines qui partent de tes pieds et s'enfoncent profondément dans la terre. Tu peux également imaginer une lumière blanche qui descend du ciel et te relie à la terre.

Ce soin d'ancrage t'aidera à retrouver ta stabilité intérieure. Tu développeras ainsi un calme mental et une clarté accrue. N'oublie pas que tu es fort.e.

SOIN POUR APAISER L'ANXIÉTÉ

L'anxiété, cette vague d'inquiétude et d'appréhension qui peut parfois nous submerger, est une émotion naturelle que nous ressentons tou·te·s à un moment ou à un autre. Cependant, lorsque l'anxiété devient excessive ou incontrôlable, elle peut perturber notre quotidien et affecter notre bien-être.

✦ Reconnais-tu ces signes d'anxiété ?

- Tu te sens constamment préoccupé·e ou inquiet·ète, même sans raison apparente.
- Tu as des difficultés à te détendre, même dans des situations calmes et apaisantes.
- Tu éprouves des tensions musculaires fréquentes, notamment au niveau des épaules, du cou ou du dos.
- Tu as du mal à dormir, tu te réveilles souvent la nuit ou tu as un sommeil agité.
- Tu ressens une agitation intérieure, une irritabilité ou une impatience difficiles à contrôler.
- Tu as des pensées négatives récurrentes, des peurs irrationnelles ou des scénarios catastrophes qui tournent en boucle dans ta tête.

Si tu te reconnais dans ces signes, sache que tu n'es pas seul·e et qu'il existe des solutions pour t'aider à apaiser ton anxiété et à retrouver un état de calme et de sérénité. Ce soin, alliant la puissance de l'améthyste, pierre de paix et de tranquillité, à des techniques de relaxation et de visualisation, t'accompagnera sur ce chemin de mieux-être.

✦ **Objectif :** calmer le mental, apaiser les tensions et retrouver un état de paix intérieure.

✦ Pierres recommandées :

- **Howlite :** pour favoriser la relaxation et la connexion universelle.
- **Améthyste :** pour ses effets apaisants et sa protection.
- **Quartz rose :** pour favoriser l'amour de soi et la paix intérieure.
- **Pierre de Lune :** pour apaiser les émotions et calmer le mental.
- **Calcite bleue :** pour favoriser le calme et la relaxation.
- **Chrysoprase :** pour protéger le cœur et favoriser la paix intérieure.
- **Lépidolite :** pour calmer l'anxiété et favoriser l'équilibre émotionnel.

Alternative au soin

Porte un bijou en améthyste, comme un pendentif ou un bracelet, pour bénéficier de son énergie apaisante tout au long de la journée.

- **Préparation :**
  - Trouve un endroit calme et confortable où tu ne seras pas dérangé·e.
  - Tamise la lumière, allume une bougie violette ou bleue si tu le souhaites, et diffuse une musique douce et relaxante.
  - Purifie et recharge tes pierres avant de commencer le soin.

DÉBUT DU SOIN

- Assieds-toi confortablement, le dos droit, sur un coussin ou une chaise.
- Ferme les yeux et prends quelques respirations profondes, en inspirant par le nez et en expirant par la bouche.
- Laisse ton corps se détendre, relâche tes épaules, décrispe ta mâchoire et laisse aller toutes les tensions.

PLACEMENT DES PIERRES ET VISUALISATION

- Tiens l'améthyste dans ta main dominante et sens son énergie douce et apaisante se diffuser dans ton corps.
- Visualise une lumière violette qui émane de la pierre et enveloppe tout ton être, calmant ton mental et dissipant les pensées anxieuses.
- Place l'améthyste sur ton chakra du troisième œil, au centre de ton front, ou tiens-la simplement dans ta main.
- Place la howlite sur ton chakra du plexus solaire, juste au-dessus du nombril, pour apaiser les tensions et les émotions.

CLÔTURE DU SOIN

- Reste dans cette position pendant 10 à 15 minutes, en respirant profondément et en visualisant la lumière violette qui t'apaise et te libère de l'anxiété.
- Lorsque tu te sens prêt·e, ouvre doucement les yeux et prends quelques instants pour revenir à ton état de conscience habituel.
- Remercie les pierres pour leur énergie et range-les avec soin.

Mantra pour amplifier le soin

Répète ce mantra silencieusement ou à voix haute :

*« Je suis calme, je suis serein·e.
Je lâche prise sur mes peurs et j'accueille la paix intérieure. »*

Mes petits conseils en plus

L'anxiété est une émotion complexe qui peut avoir de multiples causes. Elle est souvent liée à un sentiment de manque de contrôle face à l'incertitude de l'avenir. Voici quelques pistes de réflexion retrouver un sentiment de maîtrise sur ta vie :

Apprends à identifier tes déclencheurs : Quelles situations déclenchent ton anxiété ? En prenant conscience des déclencheurs, tu pourras mieux anticiper et gérer ces situations.

Pratique la pleine conscience : la pleine conscience t'invite à porter ton attention sur le moment présent, sans jugement. En te concentrant sur ta respiration, tes sensations corporelles et ton environnement, tu peux calmer ton mental et te détacher des pensées anxieuses.

Développe ta confiance en toi : En croyant en tes capacités et en ta force intérieure, tu seras mieux armé·e pour affronter les défis et les incertitudes de la vie.

Cultive un état d'esprit positif : concentre-toi sur les aspects positifs de ta vie. La gratitude est un antidote puissant à l'anxiété et au pessimisme.

Fixe-toi des objectifs réalistes : l'anxiété peut être amplifiée par le sentiment d'être dépassé·e ou de ne pas être à la hauteur. Fixe-toi des objectifs réalistes et atteignables, et célèbre tes réussites, même les plus petites.

Apprends à lâcher prise : tu ne peux pas contrôler tous les aspects de ta vie. Apprends à accepter l'incertitude et à lâcher prise sur ce que tu ne peux pas changer. Concentre-toi sur ce que tu peux contrôler, comme tes pensées, tes actions et tes réactions.

En appliquant ces conseils et en pratiquant régulièrement le soin à l'améthyste, tu pourras progressivement apaiser ton anxiété et retrouver un état de calme et de sérénité. Souviens-toi que tu es capable de gérer tes émotions et de créer une vie plus paisible et épanouissante.

SOIN POUR SOULAGER LE BURN-OUT

Le burn-out, ce syndrome d'épuisement professionnel, est une épreuve difficile qui peut affecter profondément ton énergie, ta motivation et ta joie de vivre. Il est important de reconnaître les signes et de prendre soin de toi avec douceur et bienveillance pour retrouver ton équilibre et ta vitalité.

✦ Reconnais-tu ces signes d'anxiété ?

- Tu te sens constamment fatigué·e, même après une bonne nuit de sommeil.
- Tu as du mal à te concentrer, à mémoriser des informations et à accomplir tes tâches quotidiennes.
- Les activités qui te passionnaient autrefois te semblent maintenant épuisantes et sans intérêt.
- Tu te sens émotionnellement vidé·e, irritable, cynique ou démotivé·e.
- Tu ressens des tensions musculaires, des maux de tête fréquents ou d'autres symptômes physiques liés au stress.
- Tu as du mal à gérer le stress, à prendre du recul et à trouver du plaisir dans les choses simples de la vie.

Si tu traverses un burn-out, sache que tu n'es pas seul·e et qu'il est possible de guérir et de retrouver ton énergie et ta joie de vivre. Ce soin, alliant la puissance de la rhodonite, pierre de guérison émotionnelle, à une technique de visualisation, t'accompagnera sur ce chemin de reconstruction.

✦ **Objectif :** apaiser le stress et favoriser la guérison émotionnelle.

✦ Pierres recommandées :

- **Rhodonite :** pour favoriser la guérison émotionnelle et l'amour de soi.
- **Quartz rose :** pour favoriser l'amour de soi, la paix intérieure, la guérison émotionnelle et le pardon.
- **Kunzite :** pour favoriser l'amour de soi et la guérison émotionnelle.
- **Tourmaline rose :** pour apaiser le cœur et favoriser la compassion.
- **Ambre :** pour libérer les pensées rigides et apporter la sagesse ancienne.

Alternative au soin

Porte un bijou en rhodonite, comme un pendentif ou un bracelet, pour bénéficier de son énergie douce et réconfortante tout au long de la journée.

✦ Préparation :

- Trouve un endroit calme et confortable où tu ne seras pas dérangé·e.

- Assieds-toi confortablement sur un coussin ou une chaise, les pieds bien à plat sur le sol.
- Purifie et recharge tes pierres avant de commencer le soin.

DÉBUT DU SOIN

- Assieds-toi confortablement, le dos droit, sur un coussin ou une chaise.
- Ferme les yeux et prends quelques respirations profondes, en inspirant par le nez et en expirant par la bouche.
- Laisse ton corps se détendre, relâche tes épaules, décrispe ta mâchoire et laisse aller toutes les tensions.

PLACEMENT DES PIERRES ET VISUALISATION

- Tiens la rhodonite dans ta main dominante et sens son énergie douce et réconfortante se diffuser dans ton corps.
- Visualise une lumière rose qui émane de la pierre et enveloppe tout ton être, apaisant tes émotions et favorisant la guérison de tes blessures intérieures.
- Place la rhodonite sur ton chakra du cœur, au centre de ta poitrine, ou tiens-la simplement dans ta main.
- Place le quartz rose sur ton chakra du troisième œil, au centre de ton front, (si tu es assis·e, fais tenir le cristal avec de l'adhésif) pour favoriser la paix intérieure et la clarté mentale.

CLÔTURE DU SOIN

- Reste dans cette position pendant 10 à 15 minutes, en respirant profondément et en visualisant la lumière rose qui t'apaise et te régénère.
- Lorsque tu te sens prêt·e, ouvre doucement les yeux et prends quelques instants pour revenir à ton état de conscience habituel.
- Remercie les pierres pour leur énergie et range-les avec soin.

Mantra pour amplifier le soin

Répète ce mantra silencieusement ou à voix haute :

« *Je guéris, je me régénère, je retrouve mon équilibre. Je m'ouvre à l'amour, à la joie et à la vitalité.* »

Mes petits conseils en plus

Le burn-out est un signal d'alarme que ton corps et ton esprit t'envoient pour te dire que tu as besoin de ralentir, de te reposer et de prendre soin de toi. C'est une opportunité de réévaluer tes priorités, de te reconnecter à tes valeurs et de faire des choix plus alignés avec tes besoins profonds.

Voici quelques pistes de réflexion pour t'aider à guérir du burn-out et à prévenir sa réapparition :

Identifie les sources de stress : prends le temps d'analyser ta vie et d'identifier les situations, les personnes ou les activités qui te génèrent le plus de stress. Une fois que tu as identifié ces sources de stress, réfléchis à des solutions pour les réduire ou les éliminer.

Apprends à dire non : il est important de savoir poser tes limites et de dire non aux demandes qui te surchargent ou qui ne correspondent pas à tes priorités. N'aie pas peur de décevoir les autres, ta santé et ton bien-être sont plus importants.

Délègue : si possible, délègue certaines tâches à tes collègues, à tes proches ou à des professionnels. Tu n'as pas à tout faire tout·e seul·e.

Prends du temps pour toi : accorde-toi des moments de détente et de plaisir, sans culpabiliser. Fais des activités qui te nourrissent et te font du bien, comme la lecture, la musique, le sport, la méditation ou la nature.

Connecte-toi à tes passions : qu'est-ce qui te fait vibrer ? Quelles sont les activités qui te donnent de l'énergie et te font sentir vivant·e ? Prends le temps de te reconnecter à tes passions et de les intégrer dans ton quotidien.

Cherche du soutien : parle de ton burn-out à tes proches, à un thérapeute ou à un groupe de soutien. N'hésite pas à demander de l'aide, tu n'as pas à traverser cette épreuve seul·e.

Le burn-out est une expérience difficile, mais il peut aussi être une opportunité de transformation et de croissance personnelle. En prenant soin de toi, en écoutant tes besoins et en faisant des choix plus alignés avec tes valeurs, tu pourras guérir et retrouver une vie plus équilibrée, plus sereine et plus épanouissante.

SOIN POUR CULTIVER LA CONFIANCE EN SOI

La confiance en soi est un trésor précieux qui te permet de t'épanouir pleinement dans la vie, d'oser poursuivre tes rêves et de t'affirmer avec authenticité. Si tu traverses une période de doute, d'incertitude ou de manque de confiance, ce soin t'invite à te reconnecter à ta force intérieure, à reconnaître ta valeur et à faire rayonner ta lumière unique.

✦ Reconnais-tu ces signes d'anxiété ?

- Tu évites souvent les défis ou les nouvelles expériences par peur de l'échec.
- Tu te critiques sévèrement et tu as du mal à accepter les compliments.
- Tu te compares fréquemment aux autres et te sens souvent inférieur·e.
- Tu hésites à exprimer tes opinions ou tes idées par crainte du jugement.
- Tu te sens anxieux·se dans les situations sociales ou professionnelles.
- Tu as du mal à prendre des décisions importantes par manque de confiance en tes choix.

Si ces signes te parlent, sache que tu n'es pas seul·e et qu'il est possible de cultiver la confiance en soi, pas à pas, avec douceur et bienveillance. Ce soin, alliant la puissance du quartz rose, pierre d'amour et d'acceptation, à des affirmations positives, t'accompagnera sur ce chemin de transformation.

✦ **Objectif :** renforcer l'amour de soi, l'estime de soi et la confiance en ses capacités.

✦ Pierres recommandées :

- **Quartz rose :** pour favoriser l'amour de soi, l'acceptation et la douceur, et apaiser les peurs liées au manque de confiance.
- **Citrine :** pour stimuler l'énergie positive, la confiance en soi, la joie de vivre et la clarté mentale.
- **Pierre de Lune :** pour renforcer l'intuition et la confiance en soi.
- **Cornaline :** pour stimuler l'énergie vitale et la motivation.
- **Œil-de-tigre :** pour renforcer la protection et la confiance en soi.
- **Topaze :** pour renforcer la confiance en soi et la communication.
- **Émeraude :** pour favoriser la force personnelle et l'équilibre émotionnel.

Alternative au soin

Porte un bijou en quartz rose, comme un pendentif ou un bracelet, pour te rappeler ta valeur et ta beauté intérieure tout au long de la journée.

✦ Préparation :

- Trouve un endroit calme et confortable où tu ne seras pas dérangé·e.
- Tamise la lumière, allume une bougie rose si tu le souhaites, et diffuse une musique douce et inspirante.

- Purifie et recharge tes pierres avant de commencer le soin.

DÉBUT DU SOIN

- Assieds-toi confortablement, le dos droit, sur un coussin ou une chaise.
- Ferme les yeux et prends quelques respirations profondes, en inspirant par le nez et en expirant par la bouche.
- Laisse ton corps se détendre, relâche tes épaules, décrispe ta mâchoire et laisse aller toutes les tensions.

PLACEMENT DES PIERRES ET VISUALISATION

- Tiens le quartz rose dans ta main dominante et sens son énergie douce et apaisante se diffuser dans ton corps.
- Visualise une lumière rose qui émane de la pierre et enveloppe tout ton être, t'apportant amour, douceur et acceptation.
- Place le quartz rose sur ton chakra du cœur, au centre de ta poitrine, ou tiens-la simplement dans ta main.
- Place la citrine sur ton chakra du plexus solaire, juste au-dessus du nombril, pour renforcer ta confiance en toi et ton pouvoir personnel.

CLÔTURE DU SOIN

- Reste dans cette position pendant 10 à 15 minutes, en respirant profondément et en visualisant la lumière rose qui te nourrit et te renforce.
- Lorsque tu te sens prêt·e, ouvre doucement les yeux et prends quelques instants pour revenir à ton état de conscience habituel.
- Remercie les pierres pour leur énergie et range-les avec soin.

Mantra pour amplifier le soin

Répète ce mantra silencieusement ou à voix haute :

« Je suis digne d'amour, je suis capable, je suis confiant·e. J'embrasse ma force intérieure et je rayonne de ma propre lumière. »

Mes petits conseils en plus

La confiance en soi se construit pas à pas, à travers des expériences, des réussites et des apprentissages. Voici quelques pistes de réflexion pour t'aider à cultiver la confiance en toi et à t'épanouir pleinement :

Identifie tes forces et tes talents : prends le temps de réfléchir à tes qualités, à tes compétences et à ce qui te rend unique. Note-les dans un carnet et relis-les régulièrement pour te rappeler ta valeur.

Fixe-toi des objectifs réalistes : commence par des petits objectifs que tu es sûr·e de pouvoir atteindre. Chaque réussite, aussi petite soit-elle, renforcera ta confiance en toi.

Sors de ta zone de confort : ose essayer de nouvelles choses, même si elles te font un peu peur. Chaque nouvelle expérience est une opportunité d'apprendre, de grandir et de développer ta confiance en toi.

Apprends de tes erreurs : ne te laisse pas décourager par les erreurs ou les échecs. Vois-les comme des opportunités d'apprentissage et de progression.

Entoure-toi de personnes positives : fréquente des personnes qui te soutiennent, t'encouragent et te valorisent. Évite les personnes négatives ou critiques qui sapent ta confiance en toi.

Pratique la gratitude : prends le temps chaque jour de remercier pour les choses positives dans ta vie. La gratitude t'aide à te concentrer sur tes réussites et à apprécier tes qualités.

La confiance en soi est un muscle qui se renforce avec l'entraînement. Sois patient.e avec toi-même, célèbre tes victoires et n'oublie jamais que tu es une personne unique et précieuse.

SOIN POUR ATTIRER L'ABONDANCE

L'abondance est un état d'esprit, une énergie qui circule librement et qui te permet de recevoir tous les bienfaits de la vie. Si tu ressens un manque d'abondance, que ce soit sur le plan financier, matériel, relationnel ou spirituel, ce soin t'invite à te libérer des blocages, à ouvrir ton cœur à la prospérité et à manifester tes désirs avec joie et gratitude.

✦ Reconnais-tu ces signes de blocages à l'abondance ?

- Tu te sens anxieux·se ou préoccupé·e par le manque d'argent ou de ressources, même lorsque tes besoins sont couverts.
- Tu as du mal à accepter des cadeaux, des compliments ou des opportunités sans te sentir coupable ou mal à l'aise.
- Tu te dis souvent des choses comme « Je ne mérite pas d'être riche » ou « L'argent est mauvais. »
- Tu repousses constamment les décisions financières importantes ou les actions nécessaires pour améliorer ta situation financière.
- Tu as le sentiment que tes efforts ne sont pas récompensés à leur juste valeur ou que tu ne mérites pas le succès et la prospérité.
- Tu as du mal à gérer ton argent ou tes ressources de manière efficace, ce qui mène à des dettes ou à des difficultés financières récurrentes.

Si tu te reconnais dans ces signes, sache que tu as le pouvoir de transformer ta relation à l'abondance et d'ouvrir les portes à la prospérité. Ce soin, alliant la puissance de la citrine, pierre de richesse et de joie, à la visualisation, t'accompagnera sur ce chemin de manifestation.

✦ **Objectif :** attirer l'abondance et la prospérité dans tous les domaines de la vie

✦ Pierres recommandées :

- **Citrine :** pour attirer la richesse, améliorer la digestion et favoriser la communication.
- **Pyrite :** pour attirer la richesse, la prospérité et l'abondance, et stimuler la confiance en soi et la réussite.
- **Aventurine verte :** pour attirer la chance et la prospérité.
- **Œil-de-tigre :** pour renforcer la confiance en soi et la motivation.

Alternative au soin

Place une citrine dans ton portefeuille, sur ton bureau ou dans ton lieu de travail pour attirer la prospérité financière.

✦ Préparation :

- Trouve un endroit calme et confortable où tu ne seras pas dérangé·e.

- Allume une bougie verte, jaune ou dorée si tu le souhaites, pour symboliser la richesse, l'abondance et la prospérité.
- Purifie et recharge tes pierres avant de commencer le soin.

DÉBUT DU SOIN

- Assieds-toi confortablement, le dos droit, sur un coussin ou une chaise.
- Ferme les yeux et prends quelques respirations profondes, en inspirant par le nez et en expirant par la bouche.
- Laisse ton corps se détendre, relâche tes épaules, décrispe ta mâchoire et laisse aller toutes les tensions.

PLACEMENT DES PIERRES ET VISUALISATION

- Tiens la citrine dans ta main dominante et sens son énergie solaire et joyeuse se diffuser dans ton corps.
- Visualise une lumière dorée qui émane de la pierre et enveloppe tout ton être, attirant l'abondance et la prospérité dans ta vie.
- Place la citrine sur ton chakra du plexus solaire, juste au-dessus du nombril, pour activer ton pouvoir personnel et ta capacité à manifester tes désirs.
- Place la pyrite devant toi, sur une surface plane, pour amplifier l'énergie de la citrine et stimuler la réussite de tes projets.

CLÔTURE DU SOIN

- Reste dans cette position pendant 10 à 15 minutes, en respirant profondément et en visualisant l'abondance qui se manifeste dans tous les domaines de ta vie.
- Répète des affirmations positives, comme :

✶ *« Je suis ouvert·e à recevoir l'abondance dans ma vie. »*

✶ *« Je mérite la prospérité et le succès. »*

✶ *« J'attire l'abondance dans ma vie avec joie et gratitude. L'Univers me soutient et me comble de ses bienfaits. »*

✶ *« Je suis reconnaissant·e pour toutes les bénédictions que je reçois. »*

- Lorsque tu te sens prêt·e, ouvre doucement les yeux et prends quelques instants pour revenir à ton état de conscience habituel.
- Remercie les pierres pour leur énergie et range-les avec soin.

Mes petits conseils en plus

L'abondance est un état d'esprit, une vibration que tu peux cultiver au quotidien. Voici quelques pistes de réflexion pour t'aider à ouvrir les portes à la prospérité :

Identifie tes croyances limitantes : quelles sont les pensées ou les croyances qui te bloquent par rapport à l'abondance ? Par exemple : « Je ne mérite pas d'être riche », « L'argent est sale », « Il faut travailler dur pour gagner de l'argent. » Une fois que tu as identifié ces croyances, remets-les en question et remplace-les par des affirmations positives.

Pratique la gratitude : prends le temps chaque jour de remercier pour toutes les bénédictions que tu reçois, aussi petites soient-elles. La gratitude t'aide à te concentrer sur ce que tu as déjà et à attirer davantage d'abondance dans ta vie.

Visualise tes désirs : imagine-toi vivant la vie de tes rêves, entouré·e d'abondance et de prospérité. Ressens les émotions positives que cela te procure et laisse ton imagination te guider.

Agis en accord avec tes intentions : l'abondance ne se manifeste pas par magie, il faut aussi agir pour la créer. Fixe-toi des objectifs clairs, élabore un plan d'action et mets-toi en mouvement.

Sois patient·e et persévérant·e : la manifestation de l'abondance prend du temps. Ne te décourage pas si tu ne vois pas de résultats immédiats. Continue à cultiver un état d'esprit positif, à agir en accord avec tes intentions et à faire confiance à l'Univers.

L'abondance est un droit de naissance, une énergie qui est disponible pour tous. Ouvre ton cœur à la prospérité et laisse la magie opérer !

SOIN POUR APAISER LA COLÈRE

La colère est une émotion puissante qui peut nous submerger et nous faire perdre le contrôle. Si tu te sens souvent en colère, frustré·e ou irritable, ce soin t'invite à apaiser ces émotions intenses, à retrouver ton calme intérieur et à transformer la colère en une force positive.

✦ Reconnais-tu ces signes de colère excessive ?

- Tu te sens facilement agacé·e par des choses qui te dérangent normalement peu.
- Tu es épuisé·e, même après une bonne nuit de sommeil.
- Tu ressens des douleurs musculaires ou des maux de tête fréquents.
- Tu te sens submergé·e par tes émotions ou par des tâches quotidiennes.
- Tu pleures ou réagis de manière excessive à des situations mineures.
- Tu as du mal à te concentrer ou à accomplir des tâches normales.

Si ces signes te parlent, sache que tu n'es pas seul·e et qu'il est possible d'apprivoiser la colère et de la transformer en une énergie constructive. Ce soin, alliant la puissance de l'améthyste, pierre de paix et de sérénité, à des exercices de libération émotionnelle, t'accompagnera sur ce chemin de transformation.

✦ **Objectif :** apaiser la colère, libérer les tensions et retrouver un état de calme et de sérénité.

✦ Pierres recommandées :

- **Améthyste :** pour ses effets apaisants, sa protection et sa capacité à favoriser la paix intérieure et la transformation.
- **Rhodonite :** pour favoriser la guérison émotionnelle, l'amour de soi et la compassion, aidant à pardonner et à se libérer des blessures du passé.
- **Jaspe :** pour ancrer l'énergie, favoriser la stabilité émotionnelle et la connexion à la terre, aidant à se sentir plus centré et ancré pour pardonner.
- **Quartz rose :** pour favoriser l'amour inconditionnel, la compassion, le pardon, la paix intérieure et la guérison émotionnelle.
- **Pierre de Lune :** pour apaiser les émotions, favoriser la douceur, l'intuition et la compassion envers soi-même et les autres.
- **Howlite :** pour calmer le mental, favoriser la patience et la compréhension, aidant à lâcher prise sur la colère et le ressentiment.

Alternative au soin

Porte un bijou en améthyste, comme un pendentif ou un bracelet, pour te souvenir de rester calme et centré·e face aux situations difficiles.

- **Préparation :**
  - Trouve un endroit calme et confortable où tu ne seras pas dérangé·e.
  - Tamise la lumière, allume une bougie violette ou bleue si tu le souhaites, et diffuse une musique douce et relaxante.
  - Purifie et recharge tes pierres avant de commencer le soin.

DÉBUT DU SOIN

- Assieds-toi confortablement, le dos droit, sur un coussin ou une chaise.
- Ferme les yeux et prends quelques respirations profondes, en inspirant par le nez et en expirant par la bouche.
- Laisse ton corps se détendre, relâche tes épaules, décrispe ta mâchoire et laisse aller toutes les tensions.

PLACEMENT DES PIERRES ET VISUALISATION

- Tiens l'améthyste dans ta main dominante et sens son énergie douce et apaisante se diffuser dans ton corps.
- Visualise une lumière violette qui émane de la pierre et enveloppe tout ton être, calmant ta colère et dissipant les tensions.
- Place l'améthyste sur ton chakra du plexus solaire, juste au-dessus du nombril, pour apaiser les émotions intenses et favoriser la digestion émotionnelle.
- Place la rhodonite sur ton chakra du cœur, au centre de ta poitrine, pour favoriser l'amour, la compassion et le pardon.

CLÔTURE DU SOIN

- Reste dans cette position pendant 10 à 15 minutes, en respirant profondément et en visualisant la lumière violette qui t'apaise et te libère de la colère.
- Lorsque tu te sens prêt·e, ouvre doucement les yeux et prends quelques instants pour revenir à ton état de conscience habituel.
- Remercie les pierres pour leur énergie et range-les avec soin.

Mantra pour amplifier le soin

Répète ce mantra silencieusement ou à voix haute :

« Je suis en paix avec moi-même et avec le monde.
Je lâche prise sur la colère et j'accueille la sérénité. »

Mes petits conseils en plus

La colère est une émotion naturelle et saine, mais il est important de l'exprimer de manière constructive et respectueuse. Voici quelques pistes de réflexion pour t'aider à mieux gérer ta colère :

Identifie les déclencheurs de ta colère : quelles sont les situations, les personnes ou les pensées qui te mettent en colère ? Une fois que tu as identifié ces déclencheurs, tu peux mettre en place des stratégies pour les éviter ou pour mieux les gérer.

Exprime ta colère de manière saine : trouve des moyens d'exprimer ta colère sans blesser les autres ni te faire de mal à toi-même. Tu peux parler à un ami de confiance, écrire dans un journal, faire du sport ou pratiquer une activité créative.

Apprends à communiquer assertivement : la communication assertive te permet d'exprimer tes besoins et tes sentiments de manière claire, directe et respectueuse, sans agressivité ni passivité.

Pratique la compassion : essaie de comprendre le point de vue des autres et de cultiver la compassion envers toi-même et les autres. La compassion t'aide à désamorcer la colère et à trouver des solutions pacifiques aux conflits.

Développe ta patience : la patience est une vertu qui s'apprend et se cultive. Pratique la respiration profonde, la méditation ou le yoga pour calmer ton esprit et développer ta capacité à rester calme face aux situations difficiles.

La colère peut être une force puissante, mais il est important de l'apprivoiser pour qu'elle ne te contrôle pas. En apprenant à gérer ta colère de manière saine et constructive, tu pourras vivre une vie plus sereine, plus harmonieuse et plus épanouie.

SOIN POUR S'AFFIRMER ET RAYONNER

La timidité peut parfois te freiner, t'empêcher de t'exprimer pleinement et de vivre la vie que tu désires. Si tu as du mal à t'affirmer, à prendre ta place et à partager tes talents avec le monde, ce soin t'invite à libérer ta voix, à faire rayonner ta lumière unique et à oser être toi-même, avec confiance et authenticité.

✦ **Voici quelques signes qui peuvent t'alerter:**

- Tu hésites à t'exprimer en public ou dans les situations sociales.
- Faire de nouvelles rencontres te semble stressant et intimidant.
- Tu évites souvent les opportunités qui pourraient te mettre en avant.
- Ta voix intérieure doute souvent de tes capacités à te faire entendre.
- Tu ressens physiquement une tension dans ton corps lors des interactions sociales.
- Ta timidité te fait souvent te sentir isolé·e et incompris·e dans les groupes.

Si ces signes te parlent, sache que tu n'es pas seul·e et qu'il est possible de surmonter ta timidité et de t'affirmer avec plus de confiance. Ce soin, alliant la puissance du lapis-lazuli, pierre de communication et de sagesse, à des exercices de renforcement de la confiance, t'accompagnera sur ce chemin de transformation.

✦ **Objectif :** libérer la voix, renforcer la confiance en soi et oser s'affirmer.

✦ **Pierres recommandées :**

- **Lapis-lazuli :** pour favoriser la communication authentique, la sagesse, la clarté mentale et l'expression de sa vérité.
- **Cornaline :** pour stimuler l'énergie vitale, la motivation, le courage et la confiance en soi.
- **Aigue-marine :** pour favoriser la communication claire et authentique.
- **Turquoise :** pour renforcer la confiance en soi et l'expression de soi.
- **Topaze :** pour renforcer la confiance en soi et la communication.
- **Sodalite :** pour favoriser la clarté mentale et l'intuition.
- **Moldavite :** pour accompagner la transformation, libérer les blocages et permettre d'exprimer son authenticité avec plus de force.
- **Citrine :** pour stimuler l'énergie positive, la confiance en soi, la joie de vivre et la communication claire et affirmée.

Alternative au soin

Porte un bijou en lapis-lazuli, comme un pendentif ou un bracelet, pour te rappeler ta force intérieure et ta capacité à t'exprimer avec clarté et confiance.

Préparation :

- Trouve un endroit calme et confortable où tu ne seras pas dérangé·e.
- Allume une bougie bleue si tu le souhaites, pour symboliser la communication, la paix et la sagesse.
- Purifie et recharge tes pierres avant de commencer le soin.

DÉBUT DU SOIN

- Assieds-toi confortablement, le dos droit, sur un coussin ou une chaise.
- Ferme les yeux et prends quelques respirations profondes, en inspirant par le nez et en expirant par la bouche.
- Laisse ton corps se détendre, relâche tes épaules, décrispe ta mâchoire et laisse aller toutes les tensions.

PLACEMENT DES PIERRES ET VISUALISATION

- Tiens le lapis-lazuli dans ta main dominante et sens son énergie apaisante et inspirante se diffuser dans ton corps.
- Visualise une lumière bleue profonde qui émane de la pierre et enveloppe tout ton être, t'apportant clarté mentale, courage et confiance en toi.
- Place le lapis-lazuli sur ton chakra de la gorge, à la base de ton cou, pour libérer ta voix et t'aider à t'exprimer avec authenticité.
- Place la cornaline sur ton chakra du plexus solaire, juste au-dessus du nombril, pour renforcer ton énergie vitale, ta motivation et ta confiance en tes capacités.

CLÔTURE DU SOIN

- Reste dans cette position pendant 10 à 15 minutes, en respirant profondément et en visualisant la lumière bleue qui t'inspire et te libère de ta timidité.
- Lorsque tu te sens prêt·e, ouvre doucement les yeux et prends quelques instants pour revenir à ton état de conscience habituel.
- Remercie les pierres pour leur énergie et range-les avec soin.

Mantra pour amplifier le soin

Répète ce mantra silencieusement ou à voix haute :

« *Je m'exprime avec confiance et clarté. Ma voix est entendue. Je rayonne d'une lumière unique et j'ose être moi-même.* »

Mes petits conseils en plus

La timidité est souvent liée à un manque de confiance en soi et à la peur du jugement des autres. Voici quelques pistes de réflexion pour t'aider à surmonter ta timidité et à t'affirmer avec plus d'assurance :

Identifie tes peurs : quelles sont tes peurs les plus profondes qui te retiennent de t'exprimer pleinement ? Par exemple, la peur de l'échec, la peur du rejet ou la peur du ridicule. Une fois que tu as identifié tes peurs, tu peux commencer à les apprivoiser et à les dépasser.

Change tes pensées négatives : observe tes pensées et identifie celles qui te limitent et te font douter de toi-même. Remplace-les par des affirmations positives et encourageantes.

Pratique l'affirmation de soi : l'affirmation de soi est la capacité à exprimer tes besoins et tes sentiments de manière claire, directe et respectueuse, sans agressivité ni passivité. Apprends à dire non, à exprimer tes opinions et à défendre tes droits.

Sors de ta zone de confort : ose te mettre en avant, prendre des initiatives et participer à des activités qui te font peur. Chaque petite victoire te permettra de renforcer ta confiance en toi.

Entoure-toi de personnes bienveillantes : fréquente des personnes qui te soutiennent, t'encouragent et te valorisent. Évite les personnes négatives ou critiques qui sapent ta confiance en toi.

La timidité n'est pas une fatalité. En travaillant sur toi-même, en osant t'affirmer et en te libérant de tes peurs, tu pourras faire rayonner ta lumière unique et vivre une vie plus authentique et épanouissante.

SOIN POUR LÂCHER PRISE

Le lâcher-prise, c'est l'art de se libérer du poids du passé, des pensées négatives, des émotions toxiques et des situations que nous ne pouvons pas contrôler. C'est un chemin vers la paix intérieure, la liberté et la sérénité.

✦ Reconnais-tu ces signes d'un besoin de lâcher prise ?

- Tu te surprends à te préoccuper fréquemment de l'avenir ou du passé.
- Tu ressens de l'anxiété face aux événements sur lesquels tu n'as aucun pouvoir.
- Il t'est difficile de laisser partir les situations ou les personnes qui te causent du stress.
- Ta santé mentale et physique est affectée par ton incapacité à lâcher prise.
- Tu te sens souvent épuisé·e et émotionnellement vidé·e à force de tout contrôler.
- Tu as du mal à dormir en raison des pensées récurrentes et obsédantes.

Si ces signes te parlent, ce soin t'invite à te libérer de ce qui t'encombre, à accueillir la légèreté et à retrouver la paix intérieure. L'howlite, pierre apaisante et purificatrice, t'accompagnera sur ce chemin de libération.

✦ **Objectif :** se libérer du contrôle, accueillir le détachement et retrouver la sérénité.

✦ Pierres recommandées :

- **Howlite :** pour favoriser le sommeil et la connexion universelle.
- **Améthyste :** pour favoriser la paix intérieure, la sérénité, la transformation et le lâcher-prise sur les pensées négatives.
- **Quartz rose :** pour favoriser l'amour de soi et l'acceptation.
- **Pierre de Lune :** pour apaiser les émotions et favoriser la douceur.
- **Sélénite :** pour purifier l'aura, calmer le mental et faciliter la méditation.
- **Angélite :** pour favoriser la paix intérieure, le lâcher-prise, la connexion spirituelle et l'acceptation de la situation.

Alternative au soin

Place une howlite dans ton lieu de repos ou de méditation pour créer une atmosphère de paix et de sérénité.

✦ **Préparation :**

- Trouve un endroit calme et confortable où tu ne seras pas dérangé·e.
- Tamise la lumière, allume une bougie blanche si tu le souhaites, et diffuse une musique douce et relaxante.
- Purifie et recharge tes pierres avant de commencer le soin.

DÉBUT DU SOIN

- Assieds-toi confortablement, le dos droit, sur un coussin ou une chaise.
- Ferme les yeux et prends quelques respirations profondes, en inspirant par le nez et en expirant par la bouche.
- Laisse ton corps se détendre, relâche tes épaules, décrispe ta mâchoire et laisse aller toutes les tensions.

PLACEMENT DES PIERRES ET VISUALISATION

- Tiens l'howlite dans ta main dominante et sens son énergie douce et apaisante se diffuser dans ton corps.
- Visualise une lumière blanche qui émane de la pierre et enveloppe tout ton être, te libérant du poids du passé et des pensées négatives.
- Place l'howlite sur ton chakra du cœur, au centre de ta poitrine, pour apaiser les émotions et favoriser l'amour inconditionnel.
- Place l'améthyste sur ton chakra du troisième œil, au centre de ton front, pour calmer le mental et favoriser la clarté.

CLÔTURE DU SOIN

- Reste dans cette position pendant 10 à 15 minutes, en respirant profondément et en visualisant la lumière violette qui t'apaise et te libère de la colère.
- Lorsque tu te sens prêt·e, ouvre doucement les yeux et prends quelques instants pour revenir à ton état de conscience habituel.
- Remercie les pierres pour leur énergie et range-les avec soin.

Mantra pour amplifier le soin

Répète ce mantra silencieusement ou à voix haute :

« Je lâche prise sur ce que je ne peux pas contrôler.
Je m'ouvre à la confiance, à la sérénité et à la paix intérieure. »

Mes petits conseils en plus

Le lâcher-prise est un processus qui s'apprend et se cultive au quotidien. Voici quelques pistes de réflexion pour t'aider à te libérer du contrôle et à accueillir la légèreté :

Accepte ce qui est : au lieu de lutter contre la réalité, apprends à l'accepter telle qu'elle est. Ce qui est arrivé est arrivé et tu ne peux pas le changer. Concentre-toi sur le moment présent et sur ce que tu peux faire maintenant.

Fais confiance à la vie : la vie est un voyage imprévisible, plein de surprises et de rebondissements. Au lieu de chercher à tout contrôler, apprends à faire confiance au flow de la vie et à te laisser guider par ton intuition.

Pratique la gratitude : au lieu de te focaliser sur ce qui te manque ou sur ce qui ne va pas, prends le temps chaque jour de remercier pour toutes les bénédictions que tu reçois. La gratitude t'aide à apprécier le moment présent et à attirer davantage de positif dans ta vie.

Lâche prise sur le perfectionnisme : personne n'est parfait, et c'est OK ! Accepte tes imperfections et celles des autres, et apprends à rire de tes erreurs.

Développe ta flexibilité : la vie est en constante évolution et il est important de savoir s'adapter aux changements. Au lieu de t'accrocher à tes plans ou à tes attentes, sois ouvert·e aux nouvelles possibilités et aux surprises que la vie te réserve.

Le lâcher-prise est un cadeau que tu te fais à toi-même. En te libérant du poids du passé et du besoin de tout contrôler, tu ouvres la porte à la paix intérieure, à la liberté et à la joie de vivre.

SOIN POUR SE CONNECTER À SON ENFANT INTÉRIEUR

Ton enfant intérieur, cette partie de toi qui est restée pure, innocente et pleine de joie, a besoin d'amour et d'attention. Si tu te sens déconnecté·e de ta créativité, de ta spontanéité et de ton enthousiasme, ce soin t'invite à te reconnecter à ton enfant intérieur, à guérir ses blessures et à retrouver la magie de l'enfance.

✦ **Reconnais-tu ces signes d'un enfant intérieur blessé ?**

- Tu te sens déconnecté·e de tes passions et de tes rêves.
- Tu as du mal à te laisser aller et à t'amuser.
- Tes responsabilités quotidiennes t'empêchent de te détendre et de profiter du moment présent.
- Tu te sens souvent stressé·e et pris·e dans la routine.
- Tu manques de spontanéité et de créativité dans ta vie.
- Tu as du mal à te rappeler la dernière fois où tu t'es senti·e vraiment heureux·se et libre.

Si ces signes te parlent, ce soin t'invite à prendre soin de ton enfant intérieur, à lui offrir l'amour et l'attention dont il a besoin pour guérir et s'épanouir. L'agate du Botswana, pierre de guérison émotionnelle et de réconfort, t'accompagnera sur ce chemin de reconnexion.

✦ **Objectif :** guérir les blessures de l'enfant intérieur, retrouver la joie et la spontanéité.

✦ **Pierres recommandées :**

- **Agate du Botswana :** pour apaiser les peines du passé, favoriser la guérison émotionnelle et l'acceptation de soi, permettant de se reconnecter à la joie et à l'innocence de l'enfant intérieur.
- **Quartz rose :** pour favoriser l'amour inconditionnel, la douceur, la tendresse et l'ouverture du cœur, créant un espace de sécurité et de bienveillance pour l'enfant intérieur.
- **Rhodonite :** pour favoriser la guérison émotionnelle et l'amour de soi.
- **Kunzite :** pour apaiser le cœur et favoriser la joie.
- **Ambre :** pour libérer les pensées rigides et apporter la sagesse ancienne.
- **Rhodochrosite :** pour favoriser l'amour de soi, la joie, le pardon et la guérison des blessures émotionnelles.
- **Cornaline :** pour stimuler l'énergie vitale, la créativité, la joie de vivre et le dynamisme, réveillant l'enthousiasme et la spontanéité de l'enfant intérieur.

Alternative au soin

Place une agate du Botswana dans ta chambre à coucher ou dans ton lieu de repos pour créer une atmosphère paisible et sécurisante.

✦ **Préparation :**

- Trouve un endroit calme et confortable où tu ne seras pas dérangé·e.
- Allume une bougie rose si tu le souhaites et diffuse une musique douce et relaxante
- Purifie et recharge tes pierres avant de commencer le soin.

DÉBUT DU SOIN

- Assieds-toi confortablement, le dos droit, sur un coussin ou une chaise.
- Ferme les yeux et prends quelques respirations profondes, en inspirant par le nez et en expirant par la bouche.
- Laisse ton corps se détendre, relâche tes épaules, décrispe ta mâchoire et laisse aller toutes les tensions.

PLACEMENT DES PIERRES ET VISUALISATION

- Tiens l'agate du Botswana dans ta main dominante et sens son énergie douce et réconfortante se diffuser dans ton corps.
- Visualise une lumière rose qui émane de la pierre et enveloppe tout ton être, t'apportant amour, tendresse et guérison.
- Place l'agate du Botswana sur ton chakra du cœur, au centre de ta poitrine, ou tiens-la simplement dans ta main.
- Place le quartz rose sur ton chakra du troisième œil, au centre de ton front, pour favoriser la paix intérieure et la clarté mentale.

CLÔTURE DU SOIN

- Reste dans cette position pendant 10 à 15 minutes, en visualisant la lumière rose qui apaise et guérit ton enfant intérieur.
- Lorsque tu te sens prêt·e, ouvre doucement les yeux et prends quelques instants pour revenir à ton état de conscience habituel.
- Remercie les pierres pour leur énergie et range-les avec soin.

Mantra pour amplifier le soin

« J'accueille mon enfant intérieur avec amour et compassion
Je guéris ses blessures et je libère sa joie de vivre. »

Mes petits conseils en plus

Ton enfant intérieur est une partie précieuse de toi-même. En prenant soin de lui, tu nourris ta créativité, ta spontanéité et ta joie de vivre. Voici quelques pistes de réflexion pour t'aider à te reconnecter à ton enfant intérieur :

Accorde-toi du temps pour jouer : fais des activités qui te font plaisir, sans te soucier du résultat ou du regard des autres. Laisse-toi aller à la spontanéité et à la créativité.

Passe du temps dans la nature : la nature est un terrain de jeu extraordinaire pour l'enfant intérieur. Promène-toi en forêt, joue dans les vagues, grimpe aux arbres, laisse-toi émerveiller par la beauté du monde.

Exprime tes émotions : ne refoule pas tes émotions, laisse-les s'exprimer librement. Ris, pleure, danse, chante, laisse ton enfant intérieur s'exprimer sans retenue.

Entoure-toi de personnes positives : fréquente des personnes qui te font rire, qui t'inspirent et qui te soutiennent dans tes rêves.

Pratique la gratitude : remercie pour les petites choses de la vie, pour les moments de joie et de bonheur. La gratitude t'aide à te connecter à la beauté du monde et à apprécier les cadeaux de la vie.

En te reconnectant à ton enfant intérieur, tu ouvres la porte à une vie plus joyeuse, plus créative et plus épanouie. Laisse-toi guider par ton cœur d'enfant et retrouve la magie de l'instant présent !

SOIN POUR TRANSFORMER SON « CRITIQUE » INTÉRIEUR

Ton dialogue intérieur, cette petite voix qui te parle constamment, peut être un allié précieux ou un critique impitoyable. Si tes pensées sont souvent négatives, autocritiques ou dévalorisantes, ce soin t'invite à transformer ton dialogue intérieur, à cultiver la bienveillance envers toi-même et à nourrir ton esprit de pensées positives et encourageantes.

✦ **Reconnais-tu ces signes d'un dialogue intérieur négatif ?**

- Tu te critiques souvent et doutes de tes capacités.
- Tu as du mal à te complimenter ou à te valoriser.
- Tes pensées sont souvent négatives ou autocritiques.
- Tu te sens souvent stressé·e ou anxieux·se à cause de tes propres attentes.
- Tu manques de confiance en toi et de motivation.
- Tu te sens rarement satisfait·e de tes accomplissements.

Si ces signes te parlent, ce soin t'invite à prendre conscience de tes pensées, à les observer sans jugement et à les transformer en un soutien bienveillant et encourageant. Le quartz rose, pierre d'amour et de compassion, t'accompagnera sur ce chemin de transformation intérieure.

✦ **Objectif :** transformer le dialogue intérieur négatif en un discours positif et bienveillant.

✦ **Pierres recommandées :**

- **Quartz rose :** pour favoriser l'amour de soi, l'acceptation, la compassion et la douceur envers soi-même, remplaçant l'autocritique par la bienveillance.
- **Améthyste :** pour calmer le mental, favoriser la paix intérieure, la transformation et la sagesse, permettant de prendre du recul sur les pensées négatives et de les transformer.
- **Howlite :** pour calmer le mental et favoriser la paix intérieure.
- **Pierre de Lune :** pour apaiser les émotions et favoriser la douceur.
- **Lépidolite :** pour calmer l'anxiété et favoriser l'équilibre émotionnel.
- **Jaspe :** pour ancrer l'énergie, favoriser la stabilité émotionnelle et la connexion à la terre, aidant à se sentir plus centré et ancré pour faire face aux critiques intérieures.

Alternative au soin

Place un quartz rose sur ton bureau, dans ton lieu de travail ou dans ta chambre à coucher pour créer une atmosphère de douceur et de bienveillance.

✦ **Préparation :**

- Trouve un endroit calme et confortable où tu peux te détendre sans être dérangé·e.
- Tamise la lumière, allume une bougie rose si tu le souhaites et diffuse une musique douce et relaxante.
- Purifie et recharge tes pierres avant de commencer le soin.

DÉBUT DU SOIN

- Assieds-toi confortablement, le dos droit, sur un coussin ou une chaise.
- Ferme les yeux et prends quelques respirations profondes, en inspirant par le nez et en expirant par la bouche.
- Laisse ton corps se détendre, relâche tes épaules, décrispe ta mâchoire et laisse aller toutes les tensions.

PLACEMENT DES PIERRES ET VISUALISATION

- Tiens le quartz rose dans ta main dominante et sens son énergie douce et apaisante se diffuser dans ton corps.
- Visualise une lumière rose qui émane de la pierre et enveloppe tout ton être, t'apportant amour, tendresse et compassion.
- Place le quartz rose sur ton chakra du cœur, au centre de ta poitrine, ou tiens-le simplement dans ta main.
- Place l'améthyste sur ton chakra du troisième œil, au centre de ton front, pour calmer le mental et favoriser la clarté.

CLÔTURE DU SOIN

- Reste dans cette position pendant 10 à 15 minutes, en respirant profondément et en visualisant la lumière rose qui apaise tes pensées et transforme ton dialogue intérieur.
- Lorsque tu te sens prêt·e, ouvre doucement les yeux et prends quelques instants pour revenir à ton état de conscience habituel.
- Remercie les pierres pour leur énergie et range-les avec soin.

Mantra pour amplifier le soin

Répète ce mantra silencieusement ou à voix haute :

« Je suis digne d'amour et de respect. Je m'accepte tel.le que je suis. Mes pensées sont positives et bienveillantes. »

Mes petits conseils en plus

Transformer son dialogue intérieur est un processus qui demande du temps et de la patience. Voici quelques pistes de réflexion pour t'aider à cultiver un dialogue intérieur plus positif et bienveillant :

Prends conscience de tes pensées : observe tes pensées sans jugement, comme si tu étais un observateur extérieur. Note les pensées négatives ou autocritiques qui reviennent fréquemment.

Remets en question tes pensées négatives : demande-toi si ces pensées sont vraiment vraies, utiles ou objectives. Souvent, nos pensées négatives sont fondées sur des peurs, des croyances limitantes ou des expériences passées qui ne sont plus d'actualité.

Remplace les pensées négatives par des pensées positives : chaque fois que tu identifies une pensée négative, remplace-la par une pensée positive et encourageante. Par exemple, au lieu de te dire « Je suis nul·le », dis-toi « Je suis capable d'apprendre et de progresser. »

Pratique l'autocompassion : sois indulgent·e envers toi-même, comme tu le serais envers un ami proche. Accorde-toi le droit à l'erreur et à l'imperfection.

Entoure-toi de personnes positives : fréquente des personnes qui te soutiennent, t'encouragent et te valorisent. Évite les personnes négatives ou critiques qui sapent ton estime de soi.

En transformant ton dialogue intérieur, tu transformes ta réalité. Cultive la bienveillance envers toi-même et tu verras le monde sous un jour nouveau, plus positif et plus lumineux.

SOIN POUR AMÉLIORER LA COMMUNICATION DANS SES RELATIONS

La communication est le fondement de toute relation saine et épanouissante. Si tu as du mal à communiquer tes besoins, tes sentiments ou tes idées, ce soin t'invite à libérer ta voix, à t'exprimer avec authenticité et à créer des liens plus profonds et harmonieux avec les autres.

✦ Reconnais-tu ces signes d'une communication difficile ?

- Tu as du mal à exprimer tes sentiments ou tes besoins.
- Tu te sens souvent incompris·e par les autres.
- Les malentendus et les conflits sont fréquents dans tes interactions.
- Tu évites les conversations difficiles ou importantes.
- Tu ressens une distance émotionnelle avec tes proches.
- Tu te sens frustré·e ou insatisfait·e de la qualité de tes relations.

Si ces signes te parlent, ce soin t'invite à explorer les blocages qui entravent ta communication, à développer ton écoute et ton empathie et à t'exprimer avec plus de clarté et de confiance. Le lapis-lazuli, pierre de communication et de sagesse, t'accompagnera sur ce chemin de connexion authentique.

✦ **Objectif :** améliorer la communication, l'écoute et l'empathie dans les relations.

✦ Pierres recommandées :

- **Lapis-lazuli :** pour favoriser la communication authentique, la vérité, la sagesse et la compréhension mutuelle.
- **Aigue-marine :** pour favoriser la communication et la préservation de la jeunesse.
- **Calcédoine bleue :** pour favoriser la communication claire et authentique.
- **Turquoise :** pour renforcer la confiance en soi et l'expression de soi.
- **Sodalite :** pour favoriser la clarté mentale et l'intuition.
- **Fluorite :** pour favoriser la clarté mentale, l'organisation des pensées et la compréhension mutuelle.

Alternative au soin

Place un lapis-lazuli dans ton lieu de vie ou de travail pour favoriser une communication harmonieuse et constructive.

✦ Préparation :

- Trouve un endroit calme et confortable où tu ne seras pas dérangé·e.
- Allume une bougie bleue si tu le souhaites, pour symboliser la communication, la paix et la sagesse.
- Purifie et recharge tes pierres avant de commencer le soin.

DÉBUT DU SOIN

- Assieds-toi confortablement, le dos droit, sur un coussin ou une chaise.
- Ferme les yeux et prends quelques respirations profondes, en inspirant par le nez et en expirant par la bouche.
- Laisse ton corps se détendre, relâche tes épaules, décrispe ta mâchoire et laisse aller toutes les tensions.

PLACEMENT DES PIERRES ET VISUALISATION

- Tiens le lapis-lazuli dans ta main dominante et sens son énergie apaisante et inspirante se diffuser dans ton corps.
- Visualise une lumière bleue profonde qui émane de la pierre et enveloppe tout ton être, t'apportant clarté mentale, courage et confiance en toi.
- Place le lapis-lazuli sur ton chakra de la gorge, à la base de ton cou, pour libérer ta voix et t'aider à t'exprimer avec authenticité.
- Place l'aigue-marine sur ton chakra du cœur, au centre de ta poitrine, pour favoriser l'amour, la compassion et l'empathie.

CLÔTURE DU SOIN

- Reste dans cette position pendant 10 à 15 minutes, en respirant profondément et en visualisant la lumière bleue qui t'inspire et te guide vers une communication plus authentique.
- Lorsque tu te sens prêt·e, ouvre doucement les yeux et prends quelques instants pour revenir à ton état de conscience habituel.
- Remercie les pierres pour leur énergie et range-les avec soin.

Mantra pour amplifier le soin

Répète ce mantra silencieusement ou à voix haute :

« Je communique avec clarté, authenticité et bienveillance. J'écoute avec attention et je m'ouvre à la compréhension. »

Mes petits conseils en plus

La communication est un art qui s'apprend et se perfectionne tout au long de la vie. Voici quelques pistes de réflexion pour t'aider à améliorer la communication dans tes relations :

Apprends à t'exprimer clairement : prends le temps de réfléchir à ce que tu veux dire avant de parler. Exprime tes besoins, tes sentiments et tes idées de manière claire, concise et respectueuse.

Écoute attentivement : accorde toute ton attention à la personne qui te parle. Écoute non seulement ses mots, mais aussi son langage corporel et ses émotions. Essaie de comprendre son point de vue, même si tu n'es pas d'accord avec elle.

Pratique l'empathie : mets-toi à la place de l'autre personne et essaie de comprendre ses sentiments et ses motivations.

Pose des questions : si tu ne comprends pas quelque chose, n'hésite pas à poser des questions pour clarifier la situation. Les questions ouvertes, qui commencent par « comment » ou « pourquoi », sont particulièrement utiles pour encourager la communication.

Exprime tes émotions de manière saine : parle de tes sentiments de manière calme et constructive, sans accuser ni juger l'autre personne. Utilise le « je » pour exprimer tes émotions et tes besoins.

Apprends à gérer les conflits : les conflits sont inévitables dans toute relation. Apprends à les gérer de manière constructive, en écoutant les points de vue de chacun, en cherchant des solutions mutuellement acceptables et en privilégiant le dialogue et la compréhension.

La communication authentique et bienveillante est la clé des relations harmonieuses et épanouissantes. En cultivant l'écoute, l'empathie et la clarté, tu pourras créer des liens plus profonds et plus significatifs avec les personnes qui te sont chères.

SOIN POUR CULTIVER LE PARDON

Le pardon est un acte de libération, un cadeau que tu te fais à toi-même. En pardonnant, tu te libères du poids du passé, des rancœurs et des ressentiments qui te retiennent prisonnier·ère de la souffrance. Ce soin t'invite à explorer le pardon, à guérir les blessures du passé et à ouvrir ton cœur à la paix intérieure.

✦ Reconnais-tu ces signes d'un besoin de pardon ?

- Tu ressens de la rancune ou du ressentiment envers quelqu'un.
- Tu as du mal à lâcher prise sur des blessures passées.
- Tu te sens souvent en colère ou frustré·e à cause de vieilles querelles.
- Tu trouves difficile de te pardonner à toi-même pour des erreurs passées.
- Tu te sens émotionnellement alourdi·e par des souvenirs douloureux.
- Tu as du mal à avancer et à trouver la paix intérieure.

Si ces signes te parlent, ce soin t'invite à explorer le pardon, non pas comme une obligation, mais comme un acte de libération et de guérison pour toi-même. Le cristal de roche (quartz clair), pierre de purification et d'amplification, t'accompagnera sur ce chemin de transformation intérieure.

✦ **Objectif :** libérer les rancœurs, guérir les blessures du passé et s'ouvrir au pardon.

✦ Pierres recommandées :

- **Quartz clair :** pour amplifier l'énergie des autres pierres, purifier l'aura et favoriser la clarté mentale, facilitant le processus de pardon.
- **Améthyste :** pour ses effets apaisants et sa protection.
- **Howlite :** pour calmer le mental et favoriser la paix intérieure.
- **Sélénite :** pour purifier l'aura et favoriser la clarté mentale.
- **Rhodochrosite :** pour favoriser l'amour de soi et la découverte de talents cachés.
- **Sugilite :** pour favoriser l'amour inconditionnel, la compassion, la compréhension spirituelle et la guérison des blessures émotionnelles profondes, ouvrant la voie au pardon.
- **Angélite :** pour favoriser la paix intérieure, la connexion spirituelle, l'acceptation et le pardon, en se connectant à une guidance supérieure.

Alternative au soin

Place un cristal de roche dans ton lieu de méditation ou de prière pour amplifier l'énergie et favoriser la clarté mentale.

✦ **Préparation :**

- Trouve un endroit calme et confortable où tu ne seras pas dérangé·e.
- Tamise la lumière, allume une bougie blanche si tu le souhaites et diffuse une musique douce et relaxante.
- Purifie et recharge tes pierres avant de commencer le soin.

DÉBUT DU SOIN

- Assieds-toi confortablement, le dos droit, sur un coussin ou une chaise.
- Ferme les yeux et prends quelques respirations profondes, en inspirant par le nez et en expirant par la bouche.
- Laisse ton corps se détendre, relâche tes épaules, décrispe ta mâchoire et laisse aller toutes les tensions.

PLACEMENT DES PIERRES ET VISUALISATION

- Tiens le cristal de roche dans ta main dominante et sens son énergie pure et vibrante se diffuser dans ton corps.
- Visualise une lumière blanche éclatante qui émane de la pierre et enveloppe tout ton être, purifiant ton cœur et ton esprit.
- Place le cristal de roche sur ton chakra du cœur, au centre de ta poitrine, ou tiens-la simplement dans ta main.
- Place l'améthyste sur ton chakra du troisième œil, au centre de ton front, pour calmer le mental et favoriser la clarté.

CLÔTURE DU SOIN

- Reste dans cette position pendant 10 à 15 minutes, en respirant profondément et en visualisant la lumière blanche qui dissout les rancœurs et les blessures du passé.
- Lorsque tu te sens prêt·e, ouvre doucement les yeux et prends quelques instants pour revenir à ton état de conscience habituel.
- Remercie les pierres pour leur énergie et range-les avec soin.

Mantra pour amplifier le soin

Répète ce mantra silencieusement ou à voix haute :

« Je pardonne, je me pardonne.
Je libère le passé et j'accueille la paix intérieure. »

Mes petits conseils en plus

Le pardon est un cheminement personnel qui demande du temps et de la patience. Voici quelques pistes de réflexion pour t'aider à cultiver le pardon et à te libérer du poids du passé :

Comprends que le pardon est un cadeau que tu te fais à toi-même : pardonner ne signifie pas excuser les actions de l'autre personne, ni oublier ce qui s'est passé. Il s'agit de te libérer de la colère, du ressentiment et de la douleur que tu portes en toi.

Identifie les émotions qui te bloquent : prends le temps d'explorer les émotions que tu ressens par rapport à la situation ou à la personne que tu veux pardonner. Nomme ces émotions, accueille-les sans jugement et laisse-les s'exprimer.

Pratique l'empathie : essaie de te mettre à la place de l'autre personne et de comprendre son point de vue. Cela ne signifie pas justifier ses actions, mais simplement essayer de comprendre ses motivations.

Lâche prise sur le besoin d'avoir raison : parfois, il est plus important de trouver la paix intérieure que d'avoir raison. Lâche prise sur le besoin de prouver que tu as raison ou que l'autre personne a tort.

Concentre-toi sur le présent : le passé est révolu, tu ne peux pas le changer. Concentre-toi sur le moment présent et sur ce que tu peux faire maintenant pour créer une vie plus heureuse et plus épanouie.

Le pardon est un acte de courage et de compassion. En choisissant de pardonner, tu ouvres la porte à la guérison, à la paix intérieure et à la liberté.

SOIN POUR DÉVELOPPER SON INTUITION ET SA CONNEXION SPIRITUELLE

L'intuition est une voix intérieure, une sagesse profonde qui te guide et t'inspire. Si tu as du mal à te connecter à ton intuition, ce soin t'invite à ouvrir ton troisième œil, à écouter les messages de ton âme et à te laisser guider par la sagesse de ton cœur et de l'Univers.

✦ **Voici quelques signes qui peuvent t'alerter:**

- Tu hésites fréquemment avant de prendre des décisions importantes.
- Tu as du mal à distinguer tes pensées rationnelles de ton intuition.
- Tu aimerais développer un plus grand sens de la confiance en toi-même et en tes choix.
- Tu aimerais pouvoir compter sur ta boussole intérieure.
- Tu ressens le besoin d'explorer ta spiritualité ou ta connexion intérieure plus profondément.

Si ces signes te parlent, ce soin t'invite à réveiller ton intuition, à l'écouter avec attention et à la laisser te guider sur ton chemin de vie. La pierre de Lune, symbole de féminité, d'intuition et de connexion spirituelle, t'accompagnera dans ce voyage intérieur.

✦ **Objectif :** développer l'intuition, la clarté mentale et la connexion à sa sagesse intérieure.

✦ **Pierres recommandées :**

- **Pierre de Lune :** pour renforcer l'intuition, la connexion à la féminité sacrée et la sagesse.
- **Améthyste :** pour favoriser la paix intérieure, la connexion spirituelle, l'ouverture du troisième œil et l'accès à une conscience supérieure.
- **Labradorite :** pour renforcer l'intuition et la connexion spirituelle.
- **Célestine :** pour favoriser la paix intérieure et la connexion angélique.
- **Lapis-lazuli :** pour favoriser la paix intérieure, ouvrir le troisième œil et stimuler l'intuition.
- **Sodalite :** pour favoriser l'intuition, la clarté mentale et la communication spirituelle.
- **Apophyllite :** pour stimuler l'énergie et aider à la méditation.
- **Sugilite :** pour favoriser le développement psychique, l'intuition, la connexion spirituelle et la sagesse intérieure.
- **Angélite :** pour favoriser la paix intérieure, l'intuition et la communication avec les guides spirituels.

Alternative au soin

Place une pierre de Lune sur ton autel ou dans ton lieu de méditation pour amplifier l'énergie intuitive et favoriser les rêves prémonitoires.

- **Préparation :**
  - Trouve un endroit calme et confortable où tu ne seras pas dérangé·e.
  - Tamise la lumière, allume une bougie blanche ou violette si tu le souhaites et diffuse une musique douce et relaxante.
  - Purifie et recharge tes pierres avant de commencer le soin.

DÉBUT DU SOIN

- Assieds-toi confortablement, le dos droit, sur un coussin ou une chaise.
- Ferme les yeux et prends quelques respirations profondes, en inspirant par le nez et en expirant par la bouche.
- Laisse ton corps se détendre, relâche tes épaules, décrispe ta mâchoire et laisse aller toutes les tensions.

PLACEMENT DES PIERRES ET VISUALISATION

- Tiens la pierre de Lune dans ta main dominante et sens son énergie douce et mystique se diffuser dans ton corps.
- Visualise une lumière argentée qui émane de la pierre et enveloppe tout ton être, ouvrant ton troisième œil et te connectant à ta sagesse intérieure.
- Place la pierre de Lune sur ton chakra du troisième œil, au centre de ton front, ou tiens-la simplement dans ta main.
- Place l'améthyste sur ton chakra couronne, au sommet de ta tête, pour amplifier l'énergie intuitive et favoriser la connexion spirituelle.

CLÔTURE DU SOIN

- Reste dans cette position pendant 10 à 15 minutes, en respirant profondément et en visualisant la lumière argentée qui illumine ton esprit et te guide vers ta vérité intérieure.
- Lorsque tu te sens prêt·e, ouvre doucement les yeux et prends quelques instants pour revenir à ton état de conscience habituel.
- Remercie les pierres pour leur énergie et range-les avec soin.

Mantra pour amplifier le soin

Répète ce mantra silencieusement ou à voix haute :

« J'écoute ma voix intérieure, je fais confiance à mon intuition, je suis guidé·e par la sagesse de mon cœur. »

Mes petits conseils en plus

L'intuition est une faculté naturelle que nous possédons tous. Cependant, elle peut être étouffée par le bruit du mental, le stress ou les doutes. Voici quelques pistes de réflexion pour t'aider à développer ton intuition et à l'intégrer dans ta vie quotidienne :

Crée un espace de calme et de silence : accorde-toi des moments de solitude et de silence pour te connecter à ton monde intérieur. La méditation, la contemplation de la nature ou simplement quelques minutes de silence chaque jour peuvent t'aider à calmer ton mental et à écouter la voix de ton intuition.

Observe tes sensations : ton corps est un messager précieux. Apprends à écouter les sensations physiques, les émotions et les intuitions qui te traversent. Note-les dans un carnet pour identifier les schémas et les messages récurrents.

Fais confiance à tes premières impressions : souvent, notre première intuition est la bonne. Apprends à faire confiance à ce sentiment immédiat, sans le censurer ni le rationaliser.

Prends des décisions alignées avec ton intuition : lorsque tu dois prendre une décision, prends le temps de te connecter à ton intuition et de ressentir ce qui te semble juste et aligné avec tes valeurs.

Pratique la visualisation : visualise-toi en train de prendre des décisions intuitives, de recevoir des messages clairs et de te laisser guider par ta sagesse intérieure.

L'intuition est un muscle qui se renforce avec l'entraînement. En la cultivant avec patience et persévérance, tu découvriras une source précieuse de sagesse et de guidance pour ta vie.

SOIN POUR ACCEPTER SON HYPERSENSIBILITÉ

L'hypersensibilité est un trait de personnalité qui se caractérise par une sensibilité accrue aux stimuli externes et internes. Ce soin t'invite à accueillir ton hypersensibilité, à la transformer en une force et à faire rayonner ta lumière unique dans le monde.

✦ **Voici quelques signes qui peuvent t'alerter:**

- Tu ressens intensément les émotions des autres, parfois même sans le vouloir.
- Tu es facilement submergé·e par les stimuli externes, comme les bruits forts, les lumières vives ou les environnements surchargés.
- Tu es profondément affecté·e par l'injustice ou la souffrance des autres.
- Tu es très conscient·e des détails subtils, des nuances et des non-dits.
- Tu as besoin de temps seul·e pour recharger tes batteries émotionnelles après des journées chargées ou des interactions sociales intenses.

Si ces signes te parlent, ce soin t'invite à comprendre et à accepter ton hypersensibilité, à la voir comme une force plutôt qu'une faiblesse et à apprendre à la gérer pour vivre une vie plus sereine et épanouie. La labradorite, pierre de protection et d'intuition, t'accompagnera sur ce chemin de découverte de soi.

✦ **Objectif :** accepter son hypersensibilité, se protéger des énergies négatives et retrouver un équilibre émotionnel.

✦ **Pierres recommandées :**

- **Labradorite :** pour protéger l'aura des énergies négatives, renforcer l'intuition et favoriser la clarté mentale, permettant de mieux comprendre et gérer sa sensibilité.
- **Améthyste :** pour ses effets apaisants et sa protection.
- **Pierre de Lune :** pour apaiser les émotions et favoriser la douceur.
- **Howlite :** pour calmer le mental et favoriser la paix intérieure.
- **Obsidienne flocon-de-neige :** pour stabiliser les émotions et offrir une protection douce.
- **Calcite bleue :** pour favoriser le calme, la relaxation, la paix intérieure et la communication sereine, aidant à gérer les émotions intenses.

Alternative au soin

Porte un bijou en labradorite, comme un pendentif ou un bracelet, pour te protéger des énergies négatives et renforcer ton intuition.

✦ **Préparation :**

- Trouve un endroit calme et confortable où tu ne seras pas dérangé·e.
- Tamise la lumière, allume une bougie violette ou bleue si tu le souhaites et diffuse une musique douce et relaxante.
- Purifie et recharge tes pierres avant de commencer le soin.

DÉBUT DU SOIN

- Assieds-toi confortablement, le dos droit, sur un coussin ou une chaise.
- Ferme les yeux et prends quelques respirations profondes, en inspirant par le nez et en expirant par la bouche.
- Laisse ton corps se détendre, relâche tes épaules, décrispe ta mâchoire et laisse aller toutes les tensions.

PLACEMENT DES PIERRES ET VISUALISATION

- Tiens la labradorite dans ta main dominante et sens son énergie protectrice et mystique se diffuser dans ton corps.
- Visualise une lumière irisée qui émane de la pierre et enveloppe tout ton être, créant un bouclier protecteur autour de ton aura.
- Place la labradorite sur ton chakra du troisième œil, au centre de ton front, pour renforcer ton intuition et te protéger des énergies négatives.
- Place l'améthyste sur ton chakra couronne, au sommet de ta tête, pour favoriser la paix intérieure et la connexion spirituelle.

CLÔTURE DU SOIN

- Reste dans cette position pendant 10 à 15 minutes, en respirant profondément et en visualisant la lumière irisée qui te protège et t'harmonise.
- Lorsque tu te sens prêt·e, ouvre doucement les yeux et prends quelques instants pour revenir à ton état de conscience habituel.
- Remercie les pierres pour leur énergie et range-les avec soin.

Mantra pour amplifier le soin

Répète ce mantra silencieusement ou à voix haute :

« J'accepte mon hypersensibilité avec amour et gratitude.
Je suis protégé·e des énergies négatives.
Je rayonne ma lumière unique dans le monde. »

Mes petits conseils en plus

L'hypersensibilité est un don, qui te permet de percevoir le monde avec une profondeur et une intensité uniques. Voici quelques pistes de réflexion pour t'aider à l'accueillir et à la transformer en une force :

Reconnais ta valeur : ton hypersensibilité est une partie intégrante de toi, qui te te rend unique et précieux·se. Au lieu de la voir comme une faiblesse, apprends à l'apprécier pour ce qu'elle t'apporte : empathie, créativité, intuition, connexion profonde aux autres et à la nature.

Apprends à gérer tes émotions : l'hypersensibilité te fait parfois ressentir les émotions de manière intense et débordante. Apprends à identifier tes émotions, à les accueillir sans jugement et à les exprimer de manière saine et constructive. La respiration profonde, la méditation, le yoga ou l'art peuvent t'aider à gérer tes émotions et à retrouver ton équilibre.

Pose tes limites : il est important de savoir dire non et de te protéger des situations ou des personnes qui te drainent énergétiquement. N'aie pas peur de prendre du temps pour toi, de te retirer dans un endroit calme et de te ressourcer.

Crée un environnement harmonieux : entoure-toi de beauté, de calme et de sérénité. Aménage ton espace de vie de manière à te sentir bien et en sécurité. Privilégie les couleurs douces, les matières naturelles et les objets qui te procurent de la joie.

Trouve ta tribu : entoure-toi de personnes qui te comprennent, te respectent et t'acceptent tel·le que tu es. Partage tes expériences avec d'autres personnes hypersensibles, tu te sentiras moins seul·e et tu pourras apprendre de leurs expériences.

L'hypersensibilité est un don, une invitation à vivre le monde avec plus de profondeur et d'authenticité. En apprenant à l'intégrer au quotidien, tu pourras créer une existence riche de sens et épanouie.

SOIN POUR SE PROTÉGER DES ÉNERGIES NÉGATIVES

Dans un monde où les énergies circulent constamment, il est important de savoir se protéger des influences négatives qui peuvent affecter notre bien-être physique, émotionnel et spirituel. Ce soin t'invite à créer un bouclier de lumière autour de toi, à purifier ton aura et à renforcer tes défenses énergétiques.

✦ **Reconnais-tu ces signes d'une exposition aux énergies négatives ?**

- Fatigue constante et inexpliquée.
- Émotions instables, passant de la joie à la tristesse sans raison apparente.
- Maux de tête, douleurs ou malaises inexpliqués.
- Confusion mentale, difficulté à se concentrer ou à prendre des décisions.
- Relations tendues, conflits fréquents ou sentiment de solitude.
- Sensation de malaise ou de lourdeur dans certains lieux ou en présence de certaines personnes.

Si ces signes te parlent, ce soin t'invite à purifier ton énergie, à te protéger des influences négatives et à retrouver un état de bien-être et de vitalité. La tourmaline noire, pierre de protection et de purification, t'accompagnera sur ce chemin de libération.

✦ **Objectif :** purifier l'aura, se protéger des énergies négatives et renforcer les défenses énergétiques.

✦ **Pierres recommandées :**

- **Tourmaline noire :** pour ancrer l'énergie et éloigner la négativité.
- **Obsidienne noire :** pour absorber les énergies négatives, purifier l'aura et créer un bouclier protecteur puissant.
- **Labradorite :** pour éliminer les énergies néfastes et augmenter l'intuition.
- **Onyx noir :** pour renforcer la protection et la force intérieure.
- **Hématite :** pour ancrer l'énergie et favoriser la protection.
- **Moldavite :** pour créer un bouclier énergétique contre les influences négatives.
- **Quartz fumé :** pour purifier l'aura et protéger des énergies négatives.
- **Indigo gabbro/merlinite :** pour offrir une protection psychique et aider à lutter contre les cauchemars.

Alternative au soin

Porte un bijou en tourmaline noire, comme un pendentif ou un bracelet, pour te protéger des énergies négatives tout au long de la journée.

✦ **Préparation :**

- Trouve un endroit calme et confortable où tu ne seras pas dérangé·e.
- Allume une bougie blanche si tu le souhaites, pour symboliser la purification et la protection.
- Purifie et recharge tes pierres avant de commencer le soin.

DÉBUT DU SOIN

- Assieds-toi confortablement, le dos droit, sur un coussin ou une chaise.
- Ferme les yeux et prends quelques respirations profondes, en inspirant par le nez et en expirant par la bouche.
- Laisse ton corps se détendre, relâche tes épaules, décrispe ta mâchoire et laisse aller toutes les tensions.

PLACEMENT DES PIERRES ET VISUALISATION

- Tiens la tourmaline noire ou la labradorite dans ta main dominante et sens son énergie protectrice et purificatrice se diffuser dans ton corps.
- Visualise une lumière blanche qui descend du ciel et t'enveloppe, purifiant ton aura et créant un bouclier protecteur autour de toi.
- Place la tourmaline noire ou la labradorite devant toi, pour absorber les énergies négatives et créer un espace sacré autour de toi.
- Place l'obsidienne noire sur ton chakra racine, à la base de ta colonne vertébrale, pour t'ancrer à la terre et te protéger des influences négatives.

CLÔTURE DU SOIN

- Reste dans cette position pendant 10 à 15 minutes, en respirant profondément et en visualisant la lumière blanche qui te protège et te purifie.
- Lorsque tu te sens prêt·e, ouvre doucement les yeux et prends quelques instants pour revenir à ton état de conscience habituel.
- Remercie les pierres pour leur énergie et range-les avec soin.

Mantra pour amplifier le soin

Répète ce mantra silencieusement ou à voix haute :

« Je suis protégé·e par la lumière divine.
Les énergies négatives ne peuvent m'atteindre.
Je suis en paix et en sécurité. »

Mes petits conseils en plus

La protection énergétique est un processus actif qui demande une attention consciente et régulière. Voici quelques pistes de réflexion pour renforcer tes défenses énergétiques et te protéger des influences négatives :

Prends conscience de ton énergie : apprends à reconnaître les signes d'une exposition aux énergies négatives. Écoute ton corps, tes émotions et ton intuition.

Purifie ton aura régulièrement : utilise des techniques de purification énergétique, comme la fumigation à la sauge blanche, les bains de sel ou la visualisation, pour nettoyer ton aura et éliminer les énergies négatives accumulées.

Visualise un bouclier de lumière : imagine une lumière blanche ou dorée qui t'enveloppe et te protège des influences négatives. Tu peux visualiser ce bouclier chaque matin avant de commencer ta journée, ou chaque fois que tu te sens vulnérable.

Affirme ta souveraineté énergétique : déclare clairement ton intention de te protéger des énergies négatives et de maintenir ton aura propre et vibrante. Tu peux utiliser des affirmations positives, comme « Je suis protégé·e par la lumière divine » ou « Mon énergie est forte et vibrante. »

Choisis tes fréquentations avec soin : entoure-toi de personnes positives et bienveillantes qui te nourrissent énergétiquement. Évite les personnes négatives ou toxiques qui drainent ton énergie.

Prends soin de ton environnement : crée un espace de vie harmonieux et paisible, où tu te sens en sécurité. Purifie ton lieu de vie régulièrement et utilise des objets qui te procurent de la joie et de la sérénité.

En prenant soin de ton énergie et en te protégeant des influences négatives, tu crées un espace sacré pour t'épanouir pleinement, rayonner ta lumière unique et vivre une vie plus harmonieuse et épanouissante.

Soins physiques

SOIN APAISANT POUR LES MAUX DE TÊTE

Ah ! Les maux de tête… Ces tensions qui s'installent sournoisement et transforment ta journée en un véritable calvaire ! Les pierres peuvent t'apporter un soulagement doux et naturel. Ce soin te guidera dans l'utilisation du lapis-lazuli, pierre de sagesse et d'apaisement, pour calmer les tensions et retrouver un esprit léger.

✦ **Objectif :** soulager les maux de tête et les tensions crâniennes.

✦ **Pierres recommandées :**

- **Lapis-lazuli :** pour favoriser la paix intérieure et aider à la dépression (souvent liée aux maux de tête).
- **Améthyste :** pour calmer le mental et apaiser les tensions.
- **Howlite :** pour calmer le mental et favoriser la relaxation.

✦ **Préparation :**

- Trouve un endroit calme et confortable où tu peux te détendre.
- Tamise la lumière et allonge-toi si possible.
- Purifie et recharge ton lapis-lazuli avant de commencer le soin.

DÉBUT DU SOIN

- Ferme les yeux et prends quelques respirations profondes, en inspirant par le nez et en expirant par la bouche.
- Laisse ton corps se détendre et relâche toutes les tensions.

PLACEMENT DES PIERRES ET ACUPRESSION

Point Hoku (situé sur le dos de la main, dans le creux de la pince entre le pouce et l'index), *point E41* ou *Jiexi* (situé au milieu du cou-de-pied, dans la dépression formée par le pli qui le sépare de la base de la jambe) et *point F3* ou *Tai Chong* (situé sur le cou-de-pied, dans l'espace entre le 1er et 2e métatarsien) : place délicatement et alternativement ton lapis-lazuli sur ces points.

MASSAGE DOUX

Effectue de légers mouvements circulaires avec la pierre sur chacun de ces points durant une ou deux minutes. Puis masse ces points plusieurs fois avec ton index une quinzaine de secondes en faisant des petits mouvements circulaires.

VISUALISATION

Imagine une lumière bleue apaisante qui émane de la pierre et se diffuse dans ta tête, dissolvant les tensions et la douleur.

CLÔTURE DU SOIN

- Reste dans cette position pendant 5 à 10 minutes, en respirant profondément et en visualisant la lumière bleue qui apaise ta tête.
- Lorsque tu te sens prêt·e, retire doucement la pierre et remercie-la pour son énergie.

Mantra pour amplifier le soin

Répète ce mantra silencieusement ou à voix haute :

« Je libère les tensions de ma tête.
La paix et la clarté s'installent en moi.
Je retrouve un état de bien-être et de légèreté. »

Mes petits conseils en plus

Tu peux répéter ce soin plusieurs fois par jour si nécessaire, jusqu'à ce que la douleur s'apaise.

Bois beaucoup d'eau pour t'aider à éliminer les toxines et à hydrater ton corps.

Si tes maux de tête sont des céphalées de tension, apprends à te détendre avec un hypnothérapeute ou un sophrologue.

N'hésite pas non plus à masser ton crâne (pas trop proche des yeux) avec des huiles essentielles de lavande et de menthe poivrée mélangées à une huile végétale.

Bien entendu, s'ils sont fréquents ou intenses, consulte un professionnel de santé pour en déterminer la cause et recevoir un traitement adapté.

SOIN APAISANT POUR LE STRESS

Le stress, ce visiteur indésirable qui s'invite dans nos vies, peut créer des tensions, de l'anxiété et une fatigue persistante. Heureusement, les pierres et la respiration consciente peuvent t'aider à retrouver ton calme intérieur et à apaiser ton esprit. Ce soin t'invite à te reconnecter à la sérénité grâce à l'améthyste, pierre de paix et de tranquillité, combinée à la puissance de la respiration abdominale et de la visualisation.

✦ **Objectif :** libérer les tensions, calmer le mental et retrouver un état de paix profonde.

✦ **Pierres recommandées :**

- **Améthyste :** pour ses effets apaisants et sa protection.
- **Howlite :** pour favoriser la relaxation et la connexion universelle.
- **Quartz rose :** pour favoriser l'amour de soi et la paix intérieure.
- **Pierre de Lune :** pour apaiser les émotions et calmer le mental.
- **Calcite bleue :** pour favoriser le calme et la relaxation.
- **Chrysoprase :** pour protéger le cœur et favoriser la paix intérieure.
- **Lépidolite :** pour calmer l'anxiété et favoriser l'équilibre émotionnel.
- **Aventurine :** pour favoriser la chance, la prospérité et la santé émotionnelle.

✦ **Préparation :**

- Trouve un endroit calme et confortable où tu ne seras pas dérangé·e.
- Tamise la lumière, allume une bougie violette ou bleue si tu le souhaites et diffuse une musique douce et relaxante.
- Purifie et recharge tes pierres avant de commencer le soin.

Alternative

Porte un bijou en améthyste, comme un pendentif ou un bracelet, pour bénéficier de son énergie apaisante tout au long de la journée.

DÉBUT DU SOIN

- Assieds-toi confortablement, le dos droit, sur un coussin ou une chaise.
- Ferme les yeux et prends quelques respirations profondes, en inspirant par le nez et en expirant par la bouche.
- Laisse ton corps se détendre, relâche tes épaules, décrispe ta mâchoire et laisse aller toutes les tensions.
- Sens l'énergie apaisante de l'améthyste en la tenant dans ta main gauche.

PLACEMENT DES PIERRES ET ACUPRESSION

Trouve ton point *Tai Yang* (ou « palais de l'esprit ») : Il se trouve sur tes tempes, juste à la fin de tes sourcils. Tu peux le sentir facilement en touchant légèrement cette zone. Pose ton pouce sur ton point *Tai Yang*, des deux côtés si tu veux. Appuie légèrement, juste assez pour sentir une pression agréable. Prends quelques respirations profondes et lentes. Pose ton améthyste sur tes points *Tai Yang* pendant que tu continues à respirer profondément.

RESPIRATION ABDOMINALE

Place ta main droite sur ton ventre, tiens l'améthyste dans ta main gauche et inspire profondément par le nez en gonflant ton ventre comme un ballon pendant 4 secondes. Retiens ta respiration pendant 2 secondes, puis expire lentement par la bouche pendant 6 secondes, en vidant complètement ton ventre. Répète ce cycle de respiration pendant 5 minutes.

VISUALISATION

Imagine une douce lumière violette qui émane de l'améthyste et enveloppe tout ton corps, dissipant le stress et les tensions. Visualise-toi dans un lieu paisible et réconfortant, un endroit où tu te sens en sécurité et en paix. Laisse-toi imprégner par cette sensation de calme et de sérénité.

CLÔTURE DU SOIN

- Reste dans cet état de relaxation aussi longtemps que tu en ressens le besoin.
- Lorsque tu te sens prêt·e, ouvre doucement les yeux et prends quelques instants pour revenir à ton état de conscience habituel.
- Remercie l'améthyste et la howlite pour leur énergie et range-les avec soin.

Mantra pour amplifier le soin

Répète ce mantra silencieusement ou à voix haute :

« Je suis calme et serein·e. Je respire la paix et j'expire le stress. Mon corps et mon esprit sont en harmonie. »

Mes petits conseils en plus

Le stress fait partie de la vie, mais il est important de développer des outils pour le gérer et éviter qu'il ne prenne le dessus.

N'hésite pas à essayer ces pratiques pour cultiver la sérénité au quotidien : la méditation de pleine conscience ou la relaxation.

Tu peux également envisager de prendre du magnésium, de la vitamine B6 et de l'ashwaganda pour réguler le système nerveux.

Et le plus important, pense aussi chaque semaine à ménager du temps au plaisir et à la joie !

SOIN REVITALISANT POUR CHASSER LA FATIGUE

La fatigue t'a enveloppé·e d'un voile de lassitude ? Retrouve ton énergie et ta vitalité grâce à la cornaline, pierre dynamisante et stimulante, combinée à l'acupression et la visualisation pour réveiller ton corps et ton esprit.

✦ **Objectif :** stimuler l'énergie vitale, chasser la fatigue et retrouver un état de dynamisme.

✦ **Pierres recommandées :**

- **Cornaline :** pour stimuler l'énergie vitale, la joie de vivre, le dynamisme et la confiance en soi.
- **Cristal de roche :** pour amplifier l'énergie des autres pierres, purifier l'aura et favoriser la clarté mentale, augmentant ainsi l'effet revitalisant.
- **Grenat :** pour stimuler l'énergie vitale et la motivation.
- **Jaspe rouge :** pour ancrer l'énergie et favoriser la vitalité.
- **Ambre :** pour diffuser une énergie positive et libérer les pensées rigides.
- **Apophyllite :** pour stimuler l'énergie et aider à la méditation.
- **Météorite :** pour apporter une puissante énergie cosmique et faciliter la transformation.

✦ **Préparation :**

- Trouve un endroit calme et confortable où tu peux te détendre.
- Assieds-toi confortablement, le dos droit, sur un coussin ou une chaise.
- Purifie et recharge tes pierres avant de commencer le soin.
- Allume une bougie orange ou rouge si tu le souhaites, pour symboliser l'énergie et la vitalité.

Alternative

Tu peux porter la cornaline en bijou tout au long de la journée pour un regain d'énergie continu.

DÉBUT DU SOIN

- Ferme les yeux et prends quelques respirations profondes, en inspirant par le nez et en expirant par la bouche.
- Laisse ton corps se détendre et relâche toutes les tensions.

PLACEMENT DES PIERRES ET ACUPRESSION

Point Zu San Li (situé sous la tête du tibia sur l'extérieur de la jambe) et *point N° 3 (3R)* (au niveau de la cheville, dans un creux situé entre la pointe de la malléole interne et le tendon d'Achille) : place délicatement et alternativement ta cornaline sur ces points.

MASSAGE DOUX

Effectue de légers mouvements circulaires avec la pierre sur chacun de ces points durant une ou deux minutes. Puis masse ces points plusieurs fois avec ton index une quinzaine de secondes en faisant des petits mouvements circulaires.

VISUALISATION

Tiens la cornaline dans ta main gauche et un cristal de roche dans ta main droite. Visualise une énergie chaude et vibrante, de la couleur de la cornaline, qui se diffuse à travers tout ton être, dissipant la fatigue et réveillant ta vitalité naturelle. Imagine-toi baigné·e dans cette énergie bienfaisante qui te régénère et te revitalise.

CLÔTURE DU SOIN

- Reste dans cet état de relaxation pendant 5 à 10 minutes, en respirant profondément et en visualisant l'énergie qui circule en toi.
- Lorsque tu te sens prêt·e, ouvre doucement les yeux et prends quelques instants pour revenir à ton état de conscience habituel.
- Remercie les pierres pour leur énergie et range-les avec soin.

Mantra pour amplifier le soin

Répète ce mantra silencieusement ou à voix haute :

« Je suis rempli·e d'énergie et de vitalité.
La force vitale circule en moi, me dynamisant et me revitalisant. »

Mes petits conseils en plus

N'hésite pas à essayer les techniques habituelles pour soulager la fatigue, comme dormir suffisamment, marcher et manger sainement.

Tu peux également envisager de prendre du cordyceps, de l'astragale et du magnésium pour soutenir ton énergie et ta vitalité.

N'oublie pas de consulter un professionnel de santé si nécessaire.
Prends soin de toi et retrouve toute ton énergie !

SOIN POUR APAISER LES FRINGALES

Ressens-tu une faim insatiable, des envies de grignoter incontrôlables ? Sache que ces envies ne sont pas toujours liées à un besoin physique de nourriture. Souvent, elles cachent des émotions refoulées, du stress, de l'anxiété ou un manque de connexion à soi.

Ce soin t'invite à apaiser ces émotions, à retrouver un équilibre intérieur et à écouter les véritables besoins de ton corps. L'apatite, pierre de sérénité et de maîtrise de soi, t'accompagnera sur ce chemin de conscience et d'harmonie.

✦ **Objectif :** apaiser les envies excessives de nourriture et retrouver un équilibre alimentaire.

✦ **Pierres recommandées :**

- **Apatite :** pour favoriser la maîtrise de soi, la connexion au corps et la régulation de l'appétit, aidant à gérer les envies compulsives.
- **Quartz rose :** pour favoriser l'amour de soi, l'acceptation, la douceur et la paix intérieure, aidant à apaiser les émotions qui peuvent déclencher les envies de nourriture.
- **Amazonite :** pour favoriser l'harmonie émotionnelle et la sérénité.
- **Howlite :** pour calmer le mental et favoriser la patience.
- **Lépidolite :** pour calmer l'anxiété et favoriser l'équilibre émotionnel.

✦ **Préparation :**

- Trouve un endroit calme et confortable où tu ne seras pas dérangé·e.
- Assieds-toi confortablement, le dos droit, sur un coussin ou une chaise.
- Purifie et recharge tes pierres avant de commencer le soin.
- Allume une bougie bleue ou verte si tu le souhaites, pour symboliser la paix et l'équilibre.

DÉBUT DU SOIN

- Ferme les yeux et prends quelques respirations profondes, en inspirant par le nez et en expirant par la bouche.
- Laisse ton corps se détendre et relâche toutes les tensions.

RESPIRATION CONSCIENTE

Inspire profondément par le nez en gonflant doucement ton ventre pendant 4 secondes. Retiens ta respiration pendant 2 secondes, puis expire lentement par la bouche pendant 6 secondes, en relâchant complètement ton ventre. Répète ce cycle de respiration pendant 5 minutes.

VISUALISATION

Tiens l'apatite dans ta main gauche et un quartz rose dans ta main droite. Visualise une énergie douce et équilibrante, de la couleur de l'apatite, qui circule à travers tout ton corps, régulant naturellement tes besoins alimentaires. Imagine-toi dans un état de calme et de satisfaction, en paix avec ton corps et tes émotions.

CLÔTURE DU SOIN

- Reste dans cet état de relaxation pendant 5 à 10 minutes, en respirant profondément et en visualisant l'énergie qui t'apaise et t'équilibre.
- Lorsque tu te sens prêt·e, ouvre doucement les yeux et prends quelques instants pour revenir à ton état de conscience habituel.
- Remercie les pierres pour leur énergie et range-les avec soin.

Mantra pour amplifier le soin

Répète ce mantra silencieusement ou à voix haute :

« J'écoute mon corps avec amour et respect.
Je nourris mon corps avec des aliments sains
et nourrissants. Je me sens satisfait·e
et heureux·se à tout moment. »

Mes petits conseils en plus

Bois un grand verre d'eau lorsque tu ressens une envie de grignoter, cela peut suffire à te calmer.

Lorsque tu ressens ces fringales, prends un moment pour t'interroger sur tes émotions. Es-tu stressé·e, anxieux·se, triste, en colère ?

Trouve des moyens sains de gérer tes émotions, comme la méditation, le yoga, la respiration profonde ou l'écriture.

Prends le temps de savourer chaque bouchée, de mâcher lentement et d'apprécier les saveurs de tes aliments, ça s'appelle « l'alimentation consciente ».

Et n'hésite pas à boire un ou deux verres de thé vert par jour, c'est sain et efficace pour réduire l'appétit.

Écoute ton corps avec amour et bienveillance et tu trouveras naturellement l'équilibre alimentaire qui te convient.

SOIN POUR RÉVEILLER L'APPÉTIT

Tu traverses une période où la nourriture te semble fade et sans attrait ? Ton appétit s'est envolé, te laissant sans énergie et sans envies ? Ce soin t'invite à te reconnecter à ton corps, à réveiller tes sens et à retrouver le plaisir de manger. La citrine, pierre solaire et dynamisante, t'accompagnera sur ce chemin de retour à l'équilibre.

✦ **Objectif :** stimuler l'appétit et retrouver une relation harmonieuse avec la nourriture.

✦ **Pierres recommandées :**

- Citrine : pour attirer la richesse, améliorer la digestion et favoriser la communication.
- Aventurine verte : pour favoriser la santé, l'abondance, la joie de vivre et la connexion à la nature, stimulant ainsi l'appétit et le plaisir de manger.
- Cornaline : pour stimuler l'énergie vitale et la joie de vivre.
- Grenat : pour stimuler l'énergie vitale et la motivation.

✦ **Préparation :**

- Trouve un endroit calme et confortable où tu peux te détendre.
- Assieds-toi confortablement, le dos droit, sur un coussin ou une chaise.
- Purifie et recharge tes pierres avant de commencer le soin.
- Allume une bougie jaune ou verte si tu le souhaites, pour symboliser l'énergie, la vitalité et l'abondance.

Alternative

Tu peux porter la citrine en bijou, la placer sur ta table de repas ou la tenir dans ta main pendant que tu cuisines, pour te connecter à son énergie joyeuse et abondante.

DÉBUT DU SOIN

- Ferme les yeux et prends quelques respirations profondes, en inspirant par le nez et en expirant par la bouche.
- Laisse ton corps se détendre et relâche toutes les tensions.

VISUALISATION

Tiens la citrine dans ta main gauche et une aventurine verte dans ta main droite. Visualise une énergie chaleureuse et nourrissante, de la couleur de la citrine, qui remplit tout ton être, réveillant ton appétit naturel et stimulant ton métabolisme. Imagine-toi dans un état de présence et de réceptivité à la nourriture, en savourant chaque bouchée avec plaisir et gratitude.

VISUALISATION

Imagine une lumière bleue apaisante qui émane de la pierre et se diffuse dans ta tête, dissolvant les tensions et la douleur.

CLÔTURE DU SOIN

- Reste dans cette position pendant 5 à 10 minutes, en respirant profondément et en visualisant la lumière bleue qui apaise ta tête.
- Lorsque tu te sens prêt·e, retire doucement la pierre et remercie-la pour son énergie.
- Remercie les pierres pour leur énergie et range-les avec soin.

Mantra pour amplifier le soin

Répète ce mantra silencieusement ou à voix haute :

« Mon corps est un temple sacré. Je le nourris avec amour et gratitude. J'accueille la nourriture avec joie et plaisir. »

Mes petits conseils en plus

Au lieu de trois gros repas, essaie de manger cinq ou six petits repas tout au long de la journée.

Choisis des aliments sains et nourrissants, comme les fruits, les légumes, les protéines et les céréales complètes.

Tu peux également envisager de prendre des oméga-3, du zinc, du gingembre et du fenugrec pour augmenter ton appétit et le goût.

Et bien sûr, une activité légère peut t'aider à stimuler ton appétit.

Le poids parfait est celui avec lequel tu te sens bien dans ton corps et dans ta tête. Écoute tes besoins, nourris-toi avec amour et prends soin de toi !

SOIN D'ACCOMPAGNEMENT POUR LA PRÉMÉNOPAUSE

La préménopause, cette période de transition naturelle dans la vie d'une femme, peut parfois s'accompagner de désagréments physiques et émotionnels. Ce soin t'invite à traverser cette étape avec douceur et sérénité, en te connectant à l'énergie bienveillante de la pierre de Lune, symbole de féminité et de cycles lunaires.

- **Objectif :** apaiser les symptômes de la préménopause et harmoniser l'équilibre hormonal.
- **Pierres recommandées :**
  - Pierre de Lune : pour apaiser les émotions et favoriser la douceur.
  - Rhodonite : pour favoriser la guérison émotionnelle, l'amour de soi et l'acceptation des changements du corps.
  - Howlite : pour calmer le mental et apaiser les émotions.
  - Agate du Botswana : pour favoriser la guérison émotionnelle et l'acceptation.
  - Quartz rose : pour favoriser l'amour de soi et la paix intérieure.
- **Préparation :**
  - Trouve un endroit calme et confortable où tu peux te détendre.
  - Assieds-toi confortablement, le dos droit, sur un coussin ou une chaise.
  - Purifie et recharge tes pierres avant de commencer le soin.
  - Allume une bougie jaune ou verte si tu le souhaites, pour symboliser l'énergie, la vitalité et l'abondance.

Alternative

Porte la pierre de Lune en bijou, place-la sur ta table de chevet ou glisse-la sous ton oreiller pour bénéficier de son énergie douce et féminine tout au long de la journée et de la nuit.

DÉBUT DU SOIN

- Ferme les yeux et prends quelques respirations profondes, en inspirant par le nez et en expirant par la bouche.
- Laisse ton corps se détendre et relâche toutes les tensions.

VISUALISATION

Tiens la pierre de Lune dans ta main gauche et une rhodonite dans ta main droite. Visualise une énergie douce et lumineuse, de la couleur de la pierre de Lune, qui se diffuse à travers tout ton être, harmonisant tes émotions et soutenant ton équilibre hormonal. Respire profondément et laisse-toi envelopper par cette sensation apaisante.

CLÔTURE DU SOIN

- Reste dans cet état de relaxation pendant 5 à 10 minutes, en respirant profondément et en visualisant l'énergie qui t'apaise et t'équilibre.
- Lorsque tu te sens prête, ouvre doucement les yeux et prends quelques instants pour revenir à ton état de conscience habituel.
- Remercie les pierres pour leur énergie et range-les avec soin.

Mantra pour amplifier le soin

Répète ce mantra silencieusement ou à voix haute :

« J'accueille cette période de transformation avec sérénité et confiance. Mon corps est sage, mon esprit est fort, mon cœur est ouvert. »

Mes petits conseils en plus

Privilégie les aliments riches en phytoestrogènes, comme le soja et les graines de lin qui peuvent aider à réguler les hormones.

La méditation, le yoga, la respiration profonde ou les massages peuvent t'aider à gérer les bouffées de chaleur, les sautes d'humeur et les troubles du sommeil.

Tu peux également envisager de prendre de l'huile d'onagre, de la vitamine D, du calcium et du pollen (pour les vitamines B) pour s'adapter aux changements hormonaux.

Si tes symptômes sont importants ou te gênent dans ta vie quotidienne, consulte évidemment un médecin ou un naturopathe.

La préménopause est une étape naturelle et importante dans la vie d'une femme. Accueille-la avec sérénité et confiance, et prends soin de toi avec douceur et bienveillance.

SOIN POUR ACCOMPAGNER UN SOMMEIL PAISIBLE

Le sommeil est un moment précieux de repos et de régénération. Si tu traverses une période où les nuits sont agitées et le sommeil compliqué, ce soin t'invite à retrouver la paix et la sérénité pour des nuits douces et réparatrices. L'améthyste, pierre de calme et de spiritualité, t'accompagnera sur le chemin de la détente et du sommeil profond.

- **Objectif :** favoriser l'endormissement et un sommeil réparateur.
- **Pierres recommandées :**
  - **Howlite :** pour favoriser le sommeil et la connexion universelle.
  - **Améthyste :** pour ses effets apaisants et sa protection.
  - **Pierre de Lune :** pour apaiser les émotions et favoriser la douceur.
  - **Quartz rose :** pour favoriser l'amour de soi et la paix intérieure.
  - **Calcite bleue :** pour favoriser le calme et la relaxation.
- **Préparation :**
  - Trouve un endroit calme et confortable où tu peux te détendre.
  - Prépare ton lit : assure-toi que tes draps sont propres et frais, et que la température de ta chambre est agréable.
  - Purifie et recharge tes pierres avant de commencer le soin.

Alternative

Si tu n'as pas d'améthyste, tu peux utiliser une pierre de Lune ou un quartz rose, également réputés pour leurs propriétés apaisantes et relaxantes.

Place une améthyste sous ton oreiller ou sur ta table de chevet pour bénéficier de son énergie apaisante pendant ton sommeil.

DÉBUT DU SOIN

- Allonge-toi confortablement dans ton lit, les yeux fermés.
- Prends quelques respirations profondes, en inspirant par le nez et en expirant par la bouche.
- Laisse ton corps se détendre et relâche toutes les tensions.

EXERCICE DE PLEINE CONSCIENCE

Commence par prendre conscience de ton corps, en portant attention à chaque partie, de la tête aux pieds. Respire naturellement et détends chaque muscle que tu rencontres. Visualise chaque expiration comme une libération des tensions accumulées dans ton corps.

VISUALISATION

Tiens l'améthyste dans ta main gauche et une howlite dans ta main droite. Visualise une lumière violette apaisante qui émane de l'améthyste et enveloppe tout ton être, t'invitant à la détente et au sommeil. Imagine-toi dans un lieu paisible et réconfortant, entouré·e d'une douce lumière.

CLÔTURE DU SOIN

- Reste dans cet état de relaxation aussi longtemps que tu le souhaites, en laissant le sommeil te gagner doucement.
- Si tu ne t'endors pas tout de suite, ne t'inquiète pas. Continue à respirer profondément et à te concentrer sur la sensation de détente et de paix intérieure.
- En cas de réveil nocturne, masse une goutte d'huile de lavande sur ton plexus solaire durant une minute et pose l'améthyste ou l'howlite sur ton ventre quelques minutes.

Mantra pour amplifier le soin

Répète ce mantra silencieusement ou à voix haute :

« Je relâche toutes les tensions de la journée.
Mon corps et mon esprit se détendent.
J'accueille le sommeil avec gratitude et sérénité. »

Mes petits conseils en plus

Pour réguler ton horloge biologique, couche-toi et lève-toi à des heures régulières, idéalement même le week-end.

La lumière bleue des écrans perturbe la production de mélatonine, l'hormone du sommeil. Éteins tes écrans au moins une heure avant de te coucher. La lecture peut t'aider à calmer ton mental et à te préparer au sommeil.

Tu peux également envisager de prendre des compléments alimentaires comme la glycine, l'inositol et des plantes comme l'ashwaganda, la valériane ou la passiflore.

Douces nuits et beaux rêves !

SOIN POUR SOULAGER LES DOULEURS ARTICULAIRES

Les douleurs articulaires peuvent être un véritable frein à la liberté de mouvement et à la joie de vivre. Ce soin t'invite à apaiser ces douleurs, à détendre tes muscles et à retrouver une sensation de fluidité et de légèreté. Le bois fossile, pierre d'ancrage et de régénération, t'accompagnera sur ce chemin de soulagement et de bien-être.

✦ **Objectif :** apaiser les douleurs articulaires, détendre les muscles et retrouver la fluidité du mouvement.

✦ **Pierres recommandées :**

- **Bois fossile :** pour renforcer les os, soulager les douleurs articulaires et favoriser la régénération.
- **Hématite :** pour ancrer l'énergie, favoriser la circulation sanguine et réduire l'inflammation.
- **Tourmaline noire :** pour absorber les énergies négatives et favoriser la guérison.
- **Obsidienne :** pour purifier l'aura et éliminer les blocages énergétiques.
- **Bois pétrifié :** pour stabiliser l'énergie et se connecter à la sagesse ancestrale de la terre.

✦ **Préparation :**

- Trouve un endroit calme et confortable où tu peux te détendre.
- Assieds-toi confortablement, le dos droit, sur un coussin ou une chaise.
- Purifie et recharge tes pierres avant de commencer le soin.
- Allume une bougie verte si tu le souhaites, pour symboliser la guérison et la régénération.

Alternative

Porte un bracelet en bois fossile pour bénéficier de son énergie d'ancrage et de soutien tout au long de la journée.

DÉBUT DU SOIN

- Ferme les yeux et prends quelques respirations profondes, en inspirant par le nez et en expirant par la bouche.
- Laisse ton corps se détendre et relâche toutes les tensions.

RESPIRATION CONSCIENTE

Inspire profondément par le nez en visualisant une lumière verte apaisante qui pénètre dans tes articulations et soulage la douleur. Expire lentement par la bouche en visualisant les tensions qui s'évanouissent. Répète ce cycle de respiration pendant 5 minutes.

MASSAGE DOUX

Effectue de légers mouvements circulaires avec de l'huile de millepertuis sur les articulations douloureuses pendant quelques minutes.

APPLICATION DES PIERRES

Place une pierre de bois fossile sur chaque articulation. Tu peux également utiliser une hématite pour ancrer l'énergie et favoriser la circulation sanguine.

CLÔTURE DU SOIN

- Reste dans cet état de relaxation pendant 10 à 15 minutes, en respirant profondément et en visualisant tes articulations qui se détendent et retrouvent leur fluidité.
- Lorsque tu te sens prêt·e, ouvre doucement les yeux et prends quelques instants pour revenir à ton état de conscience habituel.
- Remercie les pierres pour leur énergie et range-les avec soin.

Mantra pour amplifier le soin

Répète ce mantra silencieusement ou à voix haute :

« Mes articulations sont souples et fluides. Je me déplace avec aisance et légèreté. Mon corps est en harmonie. »

Mes petits conseils en plus

En général, la chaleur aide à détendre les muscles et à soulager la douleur. Tu peux utiliser une bouillotte, un coussin chauffant, ou prendre un bain chaud avec des sels d'Epsom.

Sache aussi que le yoga, la natation ou la marche peuvent aider à maintenir la souplesse de tes articulations et à renforcer tes muscles.

Envisage également de la glucosamine, de la chondroïtine, des oméga-3, du curcuma et du gingembre pour soulager les douleurs articulaires.

SOIN POUR FAVORISER LA FERTILITÉ

Le désir d'enfant est un chemin sacré, un voyage au cœur de la féminité et de la création. Si tu aspires à devenir maman, ce soin t'invite à te connecter à ton énergie créatrice, à harmoniser tes cycles et à ouvrir ton cœur à la possibilité d'accueillir la vie. La pierre de Lune, symbole de féminité, d'intuition et de fertilité, t'accompagnera sur ce chemin d'amour et d'espoir.

✦ **Objectif :** harmoniser les énergies féminines, soutenir la fertilité et favoriser la conception.

✦ **Pierres recommandées :**

- Pierre de Lune : pour apaiser les émotions et favoriser la douceur.
- Aventurine : pour favoriser la chance, la prospérité et la santé émotionnelle.
- Quartz rose : pour favoriser l'amour de soi et l'ouverture du cœur.
- Cornaline : pour stimuler l'énergie vitale et la créativité.

✦ **Préparation :**

- Trouve un endroit calme et confortable où tu peux te détendre.
- Assieds-toi confortablement, le dos droit, sur un coussin ou une chaise.
- Purifie et recharge tes pierres avant de commencer le soin.
- Allume une bougie blanche ou rose si tu le souhaites, pour symboliser la pureté, la douceur et la féminité.

Alternative

Porte la pierre de Lune en bijou, en particulier un collier qui repose sur ton ventre, pour bénéficier de son énergie tout au long de la journée.

DÉBUT DU SOIN

- Ferme les yeux et prends quelques respirations profondes, en inspirant par le nez et en expirant par la bouche.
- Laisse ton corps se détendre et relâche toutes les tensions.

VISUALISATION

Tiens la pierre de Lune dans ta main gauche et une aventurine dans ta main droite. Visualise une lumière douce et argentée qui émane de la pierre de Lune et se diffuse dans ton ventre, harmonisant tes énergies féminines et nourrissant ton désir d'enfant. Imagine ton utérus comme un berceau accueillant, prêt à recevoir la vie.

CLÔTURE DU SOIN

- Reste dans cette position pendant 5 à 10 minutes, en respirant profondément et en visualisant l'énergie qui circule en toi.
- Lorsque tu te sens prête, ouvre doucement les yeux et prends quelques instants pour revenir à ton état de conscience habituel.
- Remercie les pierres pour leur énergie et range-les avec soin.

Mantra pour amplifier le soin

Répète ce mantra silencieusement ou à voix haute :

« Mon corps est un temple sacré, prêt à accueillir la vie.
J'ouvre mon cœur à l'amour et à la création
Je suis une femme fertile et rayonnante. »

Mes petits conseils en plus

Bien entendu, si tu rencontres des difficultés à concevoir, la première chose à faire est de consulter un médecin ou un spécialiste de la fertilité pour identifier les causes possibles et recevoir un traitement adapté.

Privilégie les aliments riches en nutriments essentiels et en antioxydants pour la fertilité, comme les fruits, les légumes, les protéines et les acides gras oméga-3.

Le stress peut avoir un impact négatif sur la fertilité.

Prends soin de toi, écoute ton corps et honore tes cycles.

Pratique des activités qui te nourrissent et te font sentir bien dans ta peau.

Le pollen et la gelée royale fournissent des vitamines et minéraux qui peuvent augmenter la fertilité.

Laisse la magie de la pierre de Lune t'accompagner sur ce chemin sacré. Accueille la vie avec amour et confiance, et n'oublie jamais que tu es une femme puissante et créatrice.

SOIN POUR PURIFIER LA PEAU ET ATTÉNUER LES IMPERFECTIONS

Les imperfections cutanées peuvent affecter notre confiance en nous et notre bien-être. Ce soin t'invite à purifier ta peau en profondeur, à apaiser les inflammations et à retrouver un teint éclatant de santé. L'aventurine, pierre d'harmonie et de régénération, t'accompagnera sur ce chemin de beauté naturelle.

Objectif : purifier la peau, atténuer les imperfections et retrouver un teint éclatant.

Pierres recommandées :

- Aventurine : pour favoriser la chance, la prospérité et la santé émotionnelle.
- Quartz rose : pour favoriser l'amour de soi, la douceur, la guérison et l'éclat de la peau.
- Pierre de Lune : pour apaiser les émotions et favoriser la douceur.
- Améthyste : pour purifier l'aura et favoriser la guérison.

Préparation :

- Nettoie ton visage en profondeur avec un savon doux et naturel.
- Trouve un endroit calme et confortable où tu peux te détendre.
- Assieds-toi confortablement, le dos droit, sur un coussin ou une chaise.
- Purifie et recharge tes pierres avant de commencer le soin.
- Allume une bougie verte si tu le souhaites, pour symboliser la guérison et la régénération.

Alternative

Si tu n'as pas d'aventurine, tu peux utiliser une pierre de Lune ou une améthyste, également réputées pour leurs propriétés apaisantes et purifiantes.

Porte l'aventurine en bijou, en particulier un pendentif qui repose sur ton cœur, pour diffuser son énergie harmonisante et bienfaisante tout au long de la journée.

DÉBUT DU SOIN

- Ferme les yeux et prends quelques respirations profondes, en inspirant par le nez et en expirant par la bouche.
- Laisse ton corps se détendre et relâche toutes les tensions.

APPLICATION DE LA PIERRE

Passe doucement l'aventurine sur les zones de ta peau où se trouvent les imperfections. Visualise son énergie verte apaisante qui pénètre dans ta peau, purifie les pores, réduit l'inflammation et favorise la cicatrisation.

CLÔTURE DU SOIN

- Reste dans cet état de relaxation pendant 5 à 10 minutes, en respirant profondément et en visualisant ta peau qui retrouve sa pureté et son éclat.
- Lorsque tu te sens prêt·e, ouvre doucement les yeux et prends quelques instants pour revenir à ton état de conscience habituel.
- Remercie les pierres pour leur énergie et range-les avec soin.

Mantra pour amplifier le soin

Répète ce mantra silencieusement ou à voix haute :

« Ma peau est pure, saine et rayonnante.
J'accueille la beauté naturelle qui est en moi. »

Mes petits conseils en plus

Utilise un savon doux et naturel adapté à ton type de peau.

Privilégie les fruits, les légumes, les protéines et les acides gras oméga-3, qui contribuent à la santé de ta peau (pas de junk-food, quoi !) et bois beaucoup d'eau.

Le stress peut aggraver les problèmes de peau, d'où l'importance de la méditation, du yoga ou de la respiration profonde.

Prends du zinc, des oméga-3 et du schisandra qui contribuent à la santé de la peau.

SOIN POUR SOULAGER LE RHUME

Le rhume, avec son cortège de nez bouché, de toux et de fatigue, peut vite transformer ton quotidien en un véritable calvaire. Ce soin t'invite à soulager tes symptômes, à renforcer ton système immunitaire et à retrouver ton énergie et ta vitalité. L'agate arbre, pierre d'ancrage et de guérison, t'accompagnera sur ce chemin de rétablissement.

- **Objectif :** soulager les symptômes du rhume et favoriser la guérison.
- **Pierres recommandées :**
  - Agate arbre : pour renforcer le système immunitaire, favoriser la guérison et purifier l'aura.
  - Cristal de roche : pour amplifier l'énergie des autres pierres, purifier l'aura et favoriser la guérison.
  - Cornaline : pour stimuler l'énergie vitale et renforcer le système immunitaire.
  - Hématite : pour ancrer l'énergie et favoriser la protection.
  - Aigue-marine : pour favoriser la communication et la préservation de la jeunesse.
- **Préparation :**
  - Trouve un endroit calme et confortable où tu peux te détendre.
  - Assieds-toi confortablement, le dos droit, sur un coussin ou une chaise.
  - Purifie et recharge tes pierres avant de commencer le soin.

Alternative

Porte un bijou en agate arbre, comme un pendentif ou un bracelet, pour bénéficier de son énergie protectrice et régénérante tout au long de la journée.

DÉBUT DU SOIN

- Ferme les yeux et prends quelques respirations profondes, en inspirant par le nez et en expirant par la bouche.
- Laisse ton corps se détendre et relâche toutes les tensions.

RESPIRATION CONSCIENTE

Inspire profondément par le nez en visualisant une lumière verte apaisante qui pénètre dans tes sinus et dégage tes voies respiratoires. Expire lentement par la bouche en visualisant le mucus et les tensions qui s'évacuent. Répète ce cycle de respiration pendant 5 minutes.

CLÔTURE DU SOIN

- Reste dans cet état de relaxation pendant 5 à 10 minutes, en respirant profondément et en visualisant ton corps qui se libère du rhume.
- Lorsque tu te sens prêt·e, ouvre doucement les yeux et prends quelques instants pour revenir à ton état de conscience habituel.
- Remercie les pierres pour leur énergie et range-les avec soin.

Mantra pour amplifier le soin

Répète ce mantra silencieusement ou à voix haute :

« Mon corps est fort et capable de se guérir.
Je respire librement et je retrouve mon énergie et ma vitalité. »

Mes petits conseils en plus

Accorde à ton corps le repos dont il a besoin pour se régénérer.

L'eau, les tisanes et les bouillons aident à fluidifier le mucus et à prévenir la déshydratation. Bois des infusions de menthe, gingembre et romarin avec un peu de miel si tu aimes.

Les inhalations de vapeur d'eau avec des huiles essentielles, comme l'eucalyptus radié et le ravintsara, peuvent aider à dégager les sinus.

Prends aussi de la vitamine C et du zinc.

Si tes symptômes persistent ou s'aggravent, consulte un médecin.

Bon rétablissement !

SOIN POUR SOULAGER LES MAUX DE DOS

Le mal de dos, véritable fléau des temps modernes, peut avoir de multiples causes : mauvaise posture, stress, tensions musculaires, émotions refoulées… Ce soin t'invite à apaiser tes douleurs, à détendre tes muscles et à retrouver une sensation de légèreté et de bien-être. L'obsidienne noire, pierre de protection et de transformation, t'accompagnera sur ce chemin de soulagement et de guérison.

✦ **Objectif :** apaiser les douleurs dorsales, détendre les muscles et libérer les tensions émotionnelles.

✦ **Pierres recommandées :**

- **Obsidienne noire :** pour absorber les énergies négatives et purifier l'aura.
- **Jaspe (surtout le jaspe rouge) :** pour connecter à la nature et favoriser la stabilité émotionnelle.
- **Cornaline :** pour stimuler l'énergie vitale, la motivation et le courage, aidant à surmonter la douleur.
- **Tourmaline noire :** pour absorber les énergies négatives et favoriser la guérison.
- **Quartz fumé :** pour ancrer l'énergie et favoriser la détoxification.
- **Sélénite :** pour purifier l'aura, calmer le mental et favoriser la relaxation, aidant à relâcher les tensions.

✦ **Préparation :**

- Trouve un endroit calme et confortable où tu peux te détendre.
- Allonge-toi confortablement sur le ventre, les bras le long du corps, et place un coussin sous ton ventre si nécessaire.
- Purifie et recharge tes pierres avant de commencer le soin.
- Allume une bougie noire ou rouge si tu le souhaites, pour symboliser la protection, la guérison et l'ancrage.

Alternative

Porte un bracelet en obsidienne noire pour bénéficier de son énergie protectrice et stabilisante tout au long de la journée.

DÉBUT DU SOIN

- Ferme les yeux et prends quelques respirations profondes, en inspirant par le nez et en expirant par la bouche.
- Laisse ton corps se détendre et relâche toutes les tensions.

RESPIRATION CONSCIENTE

Inspire profondément par le nez en visualisant une lumière blanche apaisante qui pénètre dans ton dos et relâche les tensions musculaires. Expire lentement par la bouche en visualisant la douleur qui s'évanouit. Répète ce cycle de respiration pendant 5 minutes.

APPLICATION DE LA PIERRE

Place l'obsidienne noire sur la zone de ton dos où tu ressens la douleur. Tu peux également placer des jaspes rouges le long de ta colonne vertébrale pour ancrer l'énergie et favoriser la circulation sanguine.

CLÔTURE DU SOIN

- Reste dans cette position pendant 10 à 15 minutes, en respirant profondément et en visualisant ton dos qui se détend et se libère de la douleur.
- Lorsque tu te sens prêt·e, ouvre doucement les yeux et prends quelques instants pour revenir à ton état de conscience habituel.
- Remercie les pierres pour leur énergie et range-les avec soin.

Mantra pour amplifier le soin

Répète ce mantra silencieusement ou à voix haute :

« Mon dos est fort, souple et détendu
Je libère les tensions et j'accueille la guérison »

Mes petits conseils en plus

La chaleur aide à détendre les muscles, le froid à réduire l'inflammation. Utilise une bouillotte ou une poche de glace.

Le yoga, la natation ou la marche contribuent à renforcer et à améliorer la posture, ce qui peut réduire les douleurs du dos.

Envisage de prendre un complément alimentaire à base de curcuma, un anti-inflammatoire naturel, ou de magnésium, un minéral qui contribue à la relaxation musculaire.

SOIN POUR UNE DIGESTION HARMONIEUSE

Tu te sens ballonné·e, lourd·e, après les repas ? Ta digestion est lente et difficile ? Ce soin t'invite à retrouver une digestion harmonieuse, à libérer les blocages énergétiques et à favoriser l'assimilation des nutriments. La citrine, pierre solaire et dynamisante, t'accompagnera sur ce chemin de bien-être digestif.

✦ **Objectif :** timuler la digestion, apaiser les ballonnements et retrouver un ventre léger.

✦ **Pierres recommandées :**

- Citrine : pour attirer la richesse, améliorer la digestion et favoriser la communication.
- Jaspe rouge : pour ancrer l'énergie, favoriser la vitalité et stimuler la digestion.
- Sodalite : pour favoriser la clarté mentale, l'intuition et la digestion émotionnelle.
- Pierre de Soleil : pour stimuler l'énergie vitale et la joie de vivre.
- Cornaline : pour stimuler l'énergie vitale et la motivation.

✦ **Préparation :**

- Trouve un endroit calme et confortable où tu peux te détendre.
- Tamise la lumière et allonge-toi si possible.
- Purifie et recharge tes pierres avant de commencer le soin.
- Allume une bougie jaune si tu le souhaites, pour symboliser l'énergie solaire et la digestion.

Alternative

Place une citrine sur ton ventre pendant tes repas pour favoriser la digestion.

DÉBUT DU SOIN

- Ferme les yeux et prends quelques respirations profondes, en inspirant par le nez et en expirant par la bouche.
- Laisse ton corps se détendre et relâche toutes les tensions, en particulier au niveau de ton ventre.

PLACEMENT DES PIERRES

- Place la citrine sur ton plexus solaire, juste au-dessus du nombril.
- Place le jaspe rouge ou la sodalite sur ton ventre, au niveau de l'estomac.

CLÔTURE DU SOIN

- Reste dans cette position pendant 10 à 15 minutes, en respirant profondément et en visualisant les pierres qui diffusent leur énergie stimulante et apaisante dans ton système digestif.
- Lorsque tu te sens prêt·e, ouvre doucement les yeux et prends quelques instants pour revenir à ton état de conscience habituel.
- Remercie les pierres pour leur énergie et range-les avec soin.

Mantra pour amplifier le soin

Répète ce mantra silencieusement ou à voix haute :

« Ma digestion est fluide et harmonieuse.
Mon corps assimile les nutriments avec gratitude et légèreté. »

Mes petits conseils en plus

Mange lentement et mâche bien tes aliments.

Évite les repas trop copieux et privilégie les petits repas plus fréquents, les aliments riches en fibres, comme les fruits, les légumes et les céréales complètes.

Tu peux également envisager de prendre des probiotiques et du psyllium.

SOIN POUR FORTIFIER LES CHEVEUX

Tu constates une perte de cheveux plus importante que d'habitude ? Tes cheveux sont ternes et fragiles ? Ce soin t'invite à les fortifier et à retrouver une chevelure rayonnante de vitalité. La citrine, qui stimule la circulation, et le quartz fumé, pierre de purification et de régénération, t'accompagneront sur ce chemin de beauté capillaire.

✦ **Objectif :** fortifier les cheveux et stimuler leur croissance.

✦ **Pierres recommandées :**

- Quartz fumé pour purifier l'aura et éliminer les déséquilibres.
- Citrine : pour stimuler l'énergie vitale, la croissance et la brillance des cheveux.
- Quartz rose : pour favoriser l'amour de soi, la douceur et la beauté.
- Onyx : pour renforcer la force intérieure et la protection.
- Pierre de Lune : pour favoriser la régénération et la croissance.

✦ **Préparation :**

- Trouve un endroit calme et confortable où tu peux te détendre.
- Assieds-toi confortablement, le dos droit, sur un coussin ou une chaise.
- Purifie et recharge tes pierres avant de commencer le soin.
- Allume une bougie noire ou grise si tu le souhaites, pour symboliser l'ancrage, la purification et la régénération.

DÉBUT DU SOIN

- Ferme les yeux et prends quelques respirations profondes, en inspirant par le nez et en expirant par la bouche.
- Laisse ton corps se détendre et relâche toutes les tensions.

PLACEMENT DES PIERRES

- Place le quartz fumé sur ton chakra racine, à la base de ta colonne vertébrale.
- Place la citrine sur ton chakra couronne, au sommet de ta tête.

CLÔTURE DU SOIN

- Reste dans cette position pendant 10 à 15 minutes, en respirant profondément et en visualisant les pierres qui diffusent leur énergie fortifiante et régénérante dans tes cheveux.

- Lorsque tu te sens prêt·e, ouvre doucement les yeux et prends quelques instants pour revenir à ton état de conscience habituel.
- Remercie les pierres pour leur énergie et range-les avec soin.

Mantra pour amplifier le soin

Répète ce mantra silencieusement ou à voix haute :

*« Mes cheveux sont forts, sains et vibrants de vie.
Je nourris mes racines et j'accueille la croissance. »*

Mes petits conseils en plus

Adopte bien sûr une alimentation équilibrée, riche en vitamines et minéraux essentiels pour la santé des cheveux, comme les vitamines B, le zinc et le fer.

Évite les traitements chimiques agressifs, comme les colorations artificielles, les permanentes, les défrisants qui peuvent fragiliser les cheveux.

Gère aussi ton stress, car il peut contribuer à la chute des cheveux. Pour gérer ton stress et faire le plein de vitamines B, prends de l'ashwaganda ou de la rhodiole, du magnésium et du pollen.

Masse aussi ton cuir chevelu 4 fois par semaine avec une huile de pépins de courge mélangée à une goutte d'huile essentielle de romarin et de menthe poivrée.

SOIN POUR ACCOMPAGNER LA PERTE DE POIDS

Tu souhaites perdre du poids et retrouver un corps plus léger et harmonieux ? Ce soin t'invite à te connecter à ton corps, à écouter ses besoins et à l'accompagner dans ce processus de transformation. L'apatite, pierre d'équilibre et de maîtrise de soi, et l'amazonite, pierre d'harmonie et de sérénité, t'aideront à retrouver une relation saine et équilibrée avec la nourriture et ton corps.

Objectif : soutenir la perte de poids, favoriser l'équilibre alimentaire et retrouver une image corporelle positive.

Pierres recommandées :

- **L'apatite** pour favoriser l'équilibre et la maîtrise de soi.
- **Amazonite :** pour favoriser l'harmonie émotionnelle.
- **Howlite :** pour calmer le mental et favoriser la patience.
- **Pierre de Lune :** pour apaiser les émotions et favoriser la douceur.

Préparation :

- Trouve un endroit calme et confortable où tu peux te détendre.
- Assieds-toi confortablement, le dos droit, sur un coussin ou une chaise.
- Purifie et recharge tes pierres avant de commencer le soin.
- Allume une bougie bleue ou verte si tu le souhaites, pour symboliser la paix, l'équilibre et la guérison.

Alternative

Porte un bracelet d'apatite et d'amazonite pour te rappeler tes intentions et te connecter à leur énergie tout au long de la journée.

DÉBUT DU SOIN

- Ferme les yeux et prends quelques respirations profondes, en inspirant par le nez et en expirant par la bouche.
- Laisse ton corps se détendre et relâche toutes les tensions.

PLACEMENT DES PIERRES

- Place l'apatite sur ton chakra du plexus solaire, juste au-dessus du nombril.
- Place l'amazonite sur ton chakra du cœur, au centre de ta poitrine.

CLÔTURE DU SOIN

- Reste dans cette position pendant 10 à 15 minutes, en respirant profondément et en visualisant les pierres qui diffusent leur énergie équilibrante et apaisante dans ton corps.
- Lorsque tu te sens prêt·e, ouvre doucement les yeux et prends quelques instants pour revenir à ton état de conscience habituel.
- Remercie les pierres pour leur énergie et range-les avec soin.

Mantra pour amplifier le soin

Répète ce mantra silencieusement ou à voix haute :

« J'écoute mon corps avec amour et respect. Je nourris mon corps avec des aliments sains et nourrissants. Je suis en paix avec mon poids et mon image corporelle. »

Mes petits conseils en plus

Focalise-toi sur une alimentation saine et équilibrée, riche en légumes et protéines.

Une petite astuce alimentaire est d'éviter tout ce qui est blanc : pain, pâtes, pomme de terre, riz ; bref, ce qui entre dans la catégorie des aliments à index glycémique élevé.

Pense à boire beaucoup d'eau tout au long de la journée et à marcher entre 6 000 et 10 000 pas par jour.

N'oublie pas que tu peux aussi consulter un professionnel de santé.

La perte de poids est un cheminement personnel qui demande du temps et de la patience.

SOIN POUR APAISER LES MAUX DE GORGE

Ta gorge est irritée, tu as du mal à avaler, ta voix est rauque ? Les maux de gorge peuvent être causés par une infection, le froid, la fatigue ou des émotions refoulées. Ce soin t'invite à apaiser l'inflammation, à adoucir ta voix et à libérer tes paroles avec clarté et sérénité. La calcédoine bleue, pierre de communication et d'apaisement, t'accompagnera sur ce chemin de guérison.

✦ **Objectif :** soulager les maux de gorge, adoucir la voix et favoriser la communication.

✦ **Pierres recommandées :**

- **Aigue-marine :** pour favoriser la communication et la voix.
- **Calcédoine bleue :** pour apaiser et favoriser la guérison.
- **Calcite bleue :** pour calmer.
- **Lapis-lazuli :** pour communiquer clairement.
- **Sodalite :** pour être authentique.

✦ **Préparation :**

- Trouve un endroit calme et confortable où tu peux te détendre.
- Assieds-toi confortablement, le dos droit, sur un coussin ou une chaise.
- Purifie et recharge tes pierres avant de commencer le soin.
- Allume une bougie bleue si tu le souhaites, pour symboliser la communication, la paix et la guérison.

Alternative

Porte un collier de calcédoine bleue pour bénéficier de son énergie apaisante et harmonisante au niveau de la gorge.

DÉBUT DU SOIN

- Ferme les yeux et prends quelques respirations profondes, en inspirant par le nez et en expirant par la bouche.
- Laisse ton corps se détendre et relâche toutes les tensions, en particulier au niveau de ta gorge.

PLACEMENT DES PIERRES

- Place la calcédoine bleue sur ta gorge, au niveau du chakra de la gorge.
- Place l'aigue-marine sur ton chakra du cœur, au centre de ta poitrine.

CLÔTURE DU SOIN

- Reste dans cette position pendant 10 à 15 minutes, en respirant profondément et en visualisant les pierres qui diffusent leur énergie apaisante et rafraîchissante dans ta gorge.
- Lorsque tu te sens prêt·e, ouvre doucement les yeux et prends quelques instants pour revenir à ton état de conscience habituel.
- Remercie les pierres pour leur énergie et range-les avec soin.

Mantra pour amplifier le soin

Répète ce mantra silencieusement ou à voix haute :

*« Ma gorge est apaisée et ma voix est claire.
Je communique avec aisance et authenticité. »*

Mes petits conseils en plus

Tu peux tenter des gargarismes avec de l'eau salée tiède pour apaiser l'inflammation.

Bois beaucoup de liquides chauds (pas trop), comme des tisanes de sauge, de thym ou de guimauve au miel et au citron.

Cela va de soi, évite de fumer et de parler trop fort, car cela peut irriter ta gorge.

La propolis, une substance naturelle produite par les abeilles, est connue pour ses propriétés antiseptiques et cicatrisantes.

SOIN POUR ACCOMPAGNER L'ARRÊT DU TABAC

Tu as décidé d'arrêter de fumer et tu cherches un soutien pour t'aider à traverser cette période de transition ? Ce soin t'invite à te libérer de la dépendance, à purifier ton corps et ton esprit et à retrouver une énergie nouvelle. L'améthyste, pierre de paix et de transformation, et le quartz fumé, pierre d'ancrage et de détoxification, t'accompagneront sur ce chemin de libération.

✦ **Objectif :** soutenir l'arrêt du tabac, purifier le corps et l'esprit et renforcer la volonté.

✦ **Pierres recommandées :**

- Améthyste : pour ses effets apaisants et sa protection.
- Quartz fumé : pour purifier l'aura et éliminer les énergies négatives.
- Howlite : pour calmer le mental et favoriser la patience.
- Agate du Botswana : pour favoriser la guérison émotionnelle et l'acceptation.

✦ **Préparation :**

- Trouve un endroit calme et confortable où tu peux te détendre.
- Assieds-toi confortablement, le dos droit, sur un coussin ou une chaise.
- Purifie et recharge tes pierres avant de commencer le soin.
- Allume une bougie violette si tu le souhaites, pour symboliser la transformation, la purification et la libération.

Alternative

Porte un bracelet d'améthyste et de quartz fumé pour te rappeler tes intentions et te connecter à leur énergie tout au long de la journée.

DÉBUT DU SOIN

- Ferme les yeux et prends quelques respirations profondes, en inspirant par le nez et en expirant par la bouche.
- Laisse ton corps se détendre et relâche toutes les tensions.

PLACEMENT DES PIERRES

- Place l'améthyste sur ton chakra couronne, au sommet de ta tête.
- Place le quartz fumé sur ton chakra racine, à la base de ta colonne vertébrale.

CLÔTURE DU SOIN

- Reste dans cette position pendant 10 à 15 minutes, en respirant profondément et en visualisant les pierres qui diffusent leur énergie purificatrice et fortifiante dans ton corps et ton esprit.
- Lorsque tu te sens prêt·e, ouvre doucement les yeux et prends quelques instants pour revenir à ton état de conscience habituel.
- Remercie les pierres pour leur énergie et range-les avec soin.

Mantra pour amplifier le soin

Répète ce mantra silencieusement ou à voix haute :

« Je suis libre et libéré·e. Mon corps et mon esprit se purifient. J'accueille la santé et la vitalité. »

Mes petits conseils en plus

Consulte un professionnel de santé : un médecin ou un tabacologue peut t'accompagner dans ton sevrage et te proposer des solutions adaptées à tes besoins.

Trouve des activités qui te font plaisir : occupe-toi l'esprit et détourne ton attention de la cigarette en pratiquant des activités que tu aimes, comme la lecture, le cinéma, le jardinage, l'exercice physique ou la musique. Et tente de fréquenter des non-fumeurs dans un premier temps.

Tu peux également envisager de prendre un complément alimentaire à base de N-acétylcystéine (NAC), un antioxydant qui aide à détoxifier l'organisme et à réduire les envies de nicotine.

NOTES

PARTIE 3

Je me perfectionne

Si tu as envie d'aller plus loin, d'affiner tes connaissances et de développer une véritable expertise en lithothérapie, cette partie est faite pour toi.

Ici, on explore des techniques plus subtiles, on approfondit notre compréhension des énergies et on s'ouvre à de nouvelles dimensions. Tu apprendras à :

Créer des synergies de pierres
Combine les pouvoirs des cristaux pour créer des énergies sur mesure, parfaitement adaptées à tes besoins ;

Utiliser les pierres pour la divination
Découvre comment les cristaux peuvent t'aider à te connecter à ton intuition, à recevoir des messages de l'Univers et à éclairer ton chemin de vie ;

Confectionner tes propres bijoux
Laisse libre cours à ta créativité et crée des bijoux uniques, chargés de bonnes énergies et parfaitement adaptés à tes besoins ;

Attirer l'abondance
Découvre comment les pierres peuvent t'accompagner dans ton développement personnel et t'aider à te connecter à ton essence profonde.

Explorer des pratiques spirituelles
Utilise les pierres pour soulager les maux de tête, la fatigue, les douleurs articulaires, les problèmes de digestion et bien plus encore.

1

CHAPITRE

La synergie des pierres : amplifie leurs propriétés

Les cristaux sont des « musiciens » talentueux, chacun avec sa propre mélodie et son énergie unique. En les associant, tu amplifies leurs bienfaits. C'est la magie des synergies de cristaux !

POURQUOI LES SYNERGIES SONT-ELLES SI PUISSANTES ?

En combinant des cristaux aux énergies complémentaires, tu crées une synergie qui décuple leurs vertus individuelles. Imagine la douceur du quartz rose pour l'amour de soi, alliée à la sérénité de l'améthyste pour l'apaisement et à la clarté du cristal de roche pour la purification. C'est une combinaison gagnante pour élever ton énergie, harmoniser tes émotions et te sentir bien dans ta peau.

COMMENT CHOISIR LES BONNES COMBINAISONS ?

Il existe plusieurs approches pour créer des synergies de cristaux :

Par couleurs

Combinaison harmonieuse : associe des cristaux de couleurs similaires pour une énergie douce et cohérente. Par exemple, le quartz rose, l'aventurine verte et la pierre de Lune s'accordent parfaitement pour favoriser l'harmonie émotionnelle et la paix intérieure.

Contraste dynamique : expérimente avec des cristaux de couleurs opposées pour équilibrer les énergies. Par exemple, associe le cristal de roche, qui purifie et amplifie, à la tourmaline noire, qui protège et ancre, pour créer un bouclier énergétique puissant.

Par vertus

Combinaison thématique : choisis des cristaux avec des vertus similaires ou complémentaires pour amplifier un objectif spécifique. Par exemple, combine la tourmaline noire pour la protection et la pierre de Lune pour l'intuition et la clairvoyance, afin de te protéger des énergies négatives tout en développant ta sensibilité.

Éviter les contrastes énergétiques : associer des cristaux aux vertus opposées peut neutraliser leurs effets. Par exemple, l'améthyste, qui favorise la détente et la sérénité, ne s'accorde pas forcément avec la cornaline, qui stimule l'énergie et la vitalité.

Exemples de synergies

Synergie pour diminuer le stress

- Composition : quartz rose, cristal de roche, améthyste.
- Bénéfices : apaise et équilibre les émotions tout en favorisant la détente et l'élimination du stress.

Synergie pour la confiance en soi

- Composition : quartz rose, rhodonite, labradorite.
- Bénéfices : renforce la confiance en soi, l'amour de soi et la clarté mentale.

Synergie pour la protection

- Composition : labradorite, tourmaline noire, œil-de-tigre.
- Bénéfices : protège ton énergie contre les influences négatives et renforce ton aura.

Créer mes propres synergies

L'alchimie des pierres t'appelle ! Laisse ton intuition te guider et expérimente différentes combinaisons de pierres. Quelles pierres aimerais-tu associer ? Quelles propriétés recherches-tu ? Note tes expériences et les effets que tu observes.

2

CHAPITRE

Pierres et décoration : transforme ton lieu de vie en un havre de paix

Imagine rentrer chez toi après une longue journée et te sentir immédiatement enveloppé.e d'une énergie douce, apaisante et revitalisante. C'est la magie que les cristaux peuvent apporter à ton lieu de vie !

LES CRISTAUX : DES GARDIENS D'ÉNERGIE POUR TON FOYER

Les cristaux, ces merveilles de la nature, possèdent des vibrations uniques qui peuvent influencer l'atmosphère de ton environnement. En les plaçant stratégiquement dans les différentes pièces de ta maison, tu peux purifier, recharger et harmoniser les énergies, créant ainsi un espace propice à la détente, à la créativité et au bien-être.

HARMONISER CHAQUE PIÈCE AVEC LES CRISTAUX

Voici quelques suggestions pour t'inspirer :

Hall d'entrée

Tourmaline noire : place une tourmaline noire près de la porte d'entrée pour créer un bouclier protecteur, repousser les énergies négatives et purifier l'énergie qui entre dans ta maison.

Cristal de roche : dispose un cristal de roche dans l'entrée pour amplifier la lumière, clarifier l'énergie et créer une ambiance accueillante et positive.

Salle à manger

Citrine : place une citrine sur la table de la salle à manger pour attirer l'abondance, la joie et la convivialité. Elle favorisera des repas partagés dans une atmosphère chaleureuse et harmonieuse.

Cornaline : dispose quelques cornalines sur un buffet ou une étagère pour stimuler l'appétit, favoriser la digestion et encourager des conversations animées et joyeuses.

Salon

Améthyste : place un amas d'améthyste dans le salon pour créer une atmosphère de paix, de sérénité et de relaxation. Elle purifiera l'air, apaisera les tensions et favorisera des moments de détente et de partage.

Pierre de Lune : dispose une pierre de Lune sur une table basse ou une étagère pour adoucir l'ambiance, favoriser l'harmonie et la douceur et créer une atmosphère propice à la relaxation et à la rêverie.

Bureau ou espace de travail

Quartz fumé : place un quartz fumé sur ton bureau pour favoriser la concentration, la clarté mentale et l'ancrage. Il t'aidera à rester concentré·e sur tes tâches et à prendre des décisions éclairées.

Pyrite : dispose une pyrite sur ton bureau pour attirer la réussite, la prospérité et l'abondance dans tes projets professionnels. Elle stimulera ta motivation et ta créativité.

Citrine : place une citrine dans ton espace de travail pour attirer l'abondance financière, la joie et l'optimisme. Elle t'aidera à manifester tes objectifs professionnels avec succès.

Chambre à coucher

Calcite bleue : place une calcite bleue sur ta table de chevet pour favoriser un sommeil paisible et réparateur. Elle apaisera ton mental, t'aidera à te détendre et à lâcher prise avant de dormir.

Améthyste : dispose une améthyste sous ton oreiller ou sur ta table de chevet pour purifier l'énergie de ta chambre, éloigner les cauchemars et favoriser des rêves doux et inspirants.

Salle de bains

Pierre de Lune : place une pierre de Lune dans ta salle de bains pour créer une atmosphère douce, féminine et relaxante. Elle favorisera l'intuition, la connexion à tes émotions et la purification énergétique.

3 CHAPITRE

Les différentes formes des pierres et leur utilisation : des énergies uniques

Les pierres se présentent sous différentes formes, chacune possédant une énergie et une symbolique particulières. En comprenant les propriétés de chaque forme, tu pourras choisir les pierres qui correspondent le mieux à tes besoins et à tes intentions.

Pierres brutes : les pierres brutes, telles qu'elles sont extraites de la terre, possèdent une énergie brute et puissante. Elles sont idéales pour l'ancrage, la protection et la connexion à la nature. Plus alignées à l'énergie de la terre.

Pierres polies : les pierres polies, avec leurs formes douces et arrondies, ont une énergie plus douce et apaisante. Elles sont parfaites pour la méditation, la relaxation et les soins énergétiques. Plus faciles à porter au quotidien (en bracelet par exemple).

Pyramides : les pyramides, avec leur forme géométrique précise, sont réputées pour amplifier et concentrer l'énergie. Elles sont souvent utilisées pour la manifestation, la guérison et la protection. Aident à éliminer les blocages.

Obélisques : les obélisques, avec leur forme allongée et pointue, favorisent l'élévation spirituelle et la connexion aux énergies supérieures. Ils sont utilisés pour la méditation, la divination et la canalisation d'énergie. Mènent l'énergie dans une direction spécifique.

Sphères : les sphères, avec leur forme ronde et parfaite, représentent l'harmonie, l'unité et l'infini. Elles diffusent une énergie douce et équilibrante dans l'environnement. Restaurent et équilibrent l'énergie, la diffusent de manière uniforme.

Clusters : les clusters sont des groupes de cristaux qui ont grandi ensemble. Ils unifient l'énergie, la dirigent et peuvent diffuser l'énergie négative tout en amplifiant l'énergie positive.

Pierres plates : elles sont lisses et polies, conçues pour tenir dans la paume de la main. Elles alignent et attirent l'énergie.

Pierres en forme de cœur : elles amplifient l'énergie de guérison et d'amour.

Pierres en forme d'œuf : elles renforcent et rééquilibrent l'énergie.

Pierres à pointe : il suffit d'utiliser la pointe pour attirer l'énergie vers soi ou la repousser.

Pierres à double terminaison : elles alignent et équilibrent l'énergie. Elles émettent et reçoivent l'énergie dans les deux sens.

Géodes : protectrices, elles conservent l'énergie et l'amplifient en la libérant lentement et uniformément.

ASTUCE BIEN-ÊTRE POUR LES THÉRAPEUTES

Si tu travailles dans le domaine du bien-être et que tu effectues des soins énergétiques, il est important de te protéger des énergies négatives et de purifier ton espace de travail. Utilise des pierres comme la labradorite et le cristal de roche pour créer un bouclier protecteur et une atmosphère de purification. Pense également à te purifier les mains entre chaque soin, en les lavant soigneusement ou en utilisant une technique de purification énergétique.

Quelle forme de pierre m'attire ?

Ronde, brute, polie, en galet, en pyramide... Les pierres se présentent sous différentes formes, chacune ayant sa propre énergie. Quelle forme de pierre t'attire le plus ? Pourquoi ? Note tes préférences et explore les différentes formes de pierres.

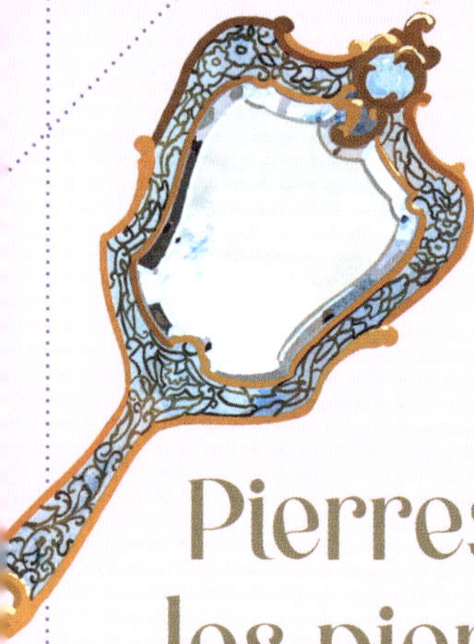

4
CHAPITRE

Pierres et beauté : intègre les pierres dans ta routine

En les intégrant à ta routine cosmétique, tu bénéficies de leurs vibrations uniques pour une peau et des cheveux rayonnants de santé et de vitalité.

LES CRISTAUX, TES ALLIÉS BEAUTÉ

Chaque pierre possède des propriétés énergétiques qui peuvent soutenir la beauté de ta peau et de tes cheveux. Voici quelques exemples :

- Quartz rose : pour une peau douce, apaisée et rayonnante d'amour.
- Cristal de roche : pour une peau purifiée, équilibrée et éclatante de lumière.
- Améthyste : pour une peau apaisée, régénérée et lumineuse.
- Jade : pour une peau tonifiée, raffermie et éclatante de jeunesse.
- Aventurine : pour une peau purifiée, apaisée et libérée des imperfections.

COMMENT LES INTÉGRER ?

Massage du visage : utilise une pierre polie, adaptée à ton type de peau, pour masser délicatement ton visage. Effectue des mouvements circulaires ascendants pour stimuler la circulation sanguine, drainer les toxines et favoriser l'éclat du teint.

Élixir capillaire : ajoute quelques petits cristaux d'améthyste ou de quartz rose dans ton shampoing ou ton après-shampoing pour purifier et revitaliser tes cheveux.

CHOISIS LES PIERRES SELON TON TYPE DE PEAU ET DE CHEVEUX

Peau sèche : quartz rose, jade.
Peau mixte ou grasse : cristal de roche.
Peau sensible ou irritée : améthyste, quartz rose.
Peau acnéique : aventurine.
Peau mature : jade, quartz rose.

Cheveux secs : quartz rose.
Cheveux à tendance grasse : cristal de roche.
Perte de cheveux : améthyste.
Pellicules : jade.

Mes tests beauté : peau et cheveux

Les pierres peuvent aussi sublimer ta beauté naturelle ! Expérimente différentes pierres pour ta peau et tes cheveux. Note les pierres que tu as utilisées, les recettes que tu as testées et les résultats que tu as observés.

5

CHAPITRE

Divination avec les pierres : écoute les messages de l'Univers

Utilisées depuis des millénaires pour la divination, les pierres peuvent te guider, t'inspirer et t'aider à mieux comprendre ton chemin de vie.

POURQUOI UTILISER DES CRISTAUX POUR LA DIVINATION ?

Les cristaux sont des amplificateurs d'énergie, des miroirs de notre âme et des messagers de l'Univers. Chaque pierre possède une vibration spécifique qui peut t'offrir des perceptions uniques, t'aider à clarifier tes intentions et à recevoir des réponses à tes questions.

CINQ TECHNIQUES DE DIVINATION AVEC LES PIERRES

Messages dans tes rêves

Place une pierre intuitive, comme l'améthyste ou la labradorite, sous ton oreiller avec un papier sur lequel tu as écrit ta question. Dors avec l'intention de recevoir une réponse dans tes rêves. Au réveil, note immédiatement tes rêves et tes impressions.

Oracle de lithothérapie

Il existe plusieurs oracles fondés sur les pierres. N'hésite pas à les découvrir dans les librairies ésotériques. Je t'offre ici un mini-oracle à découper, facile à transporter dans un sac ou en voyage. Comment l'utiliser ? Concentre-toi sur ta journée à venir ou sur une question générale qui te préoccupe, puis tire une carte. Laisse ton intuition te guider et interprète son message en fonction de sa symbolique.

Oracle

(à découper)

Améthyste : mon message est de te guider vers la paix intérieure, d'apaiser tes peurs et de te connecter à la sérénité.

Quartz rose : mon message est d'ouvrir ton cœur à l'amour et à la compassion, et de te guider vers la guérison émotionnelle.

Quartz clair : mon message est de clarifier tes pensées, d'amplifier tes intentions et de te connecter à ta vérité.

Citrine : mon message est d'attirer la joie, l'abondance et la prospérité dans ta vie, et de te libérer des énergies négatives.

Obsidienne noire : mon message est de t'accompagner dans l'exploration de tes zones d'ombre et de te protéger des influences néfastes.

Pierre de Lune : mon message est de te connecter à ton intuition, à ta féminité sacrée, et de t'harmoniser avec tes cycles.

Lapis-lazuli : mon message est de t'aider à exprimer ta vérité avec sagesse et de stimuler ton intuition.

Œil-de-tigre : mon message est de te donner le courage d'affronter tes peurs et de te protéger des énergies négatives.

Aventurine : mon message est d'attirer la chance et la prospérité dans ta vie, et de t'aider à t'ouvrir aux changements.

Cornaline : mon message est de réveiller ta vitalité, ta passion, et de te guider vers la joie de vivre.

Howlite : mon message est de calmer ton esprit, de te libérer de la colère et de te guider vers la paix intérieure.

Sodalite : mon message est de t'aider à communiquer avec clarté et authenticité, et de développer la confiance en toi.

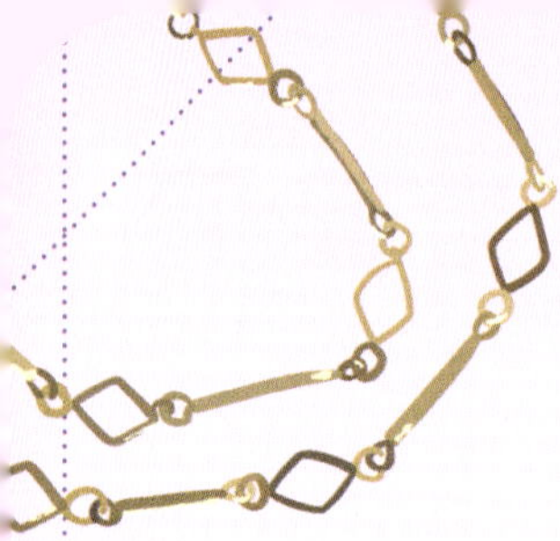

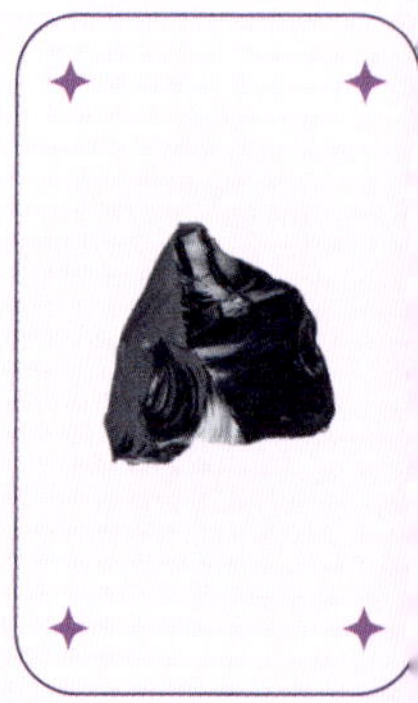

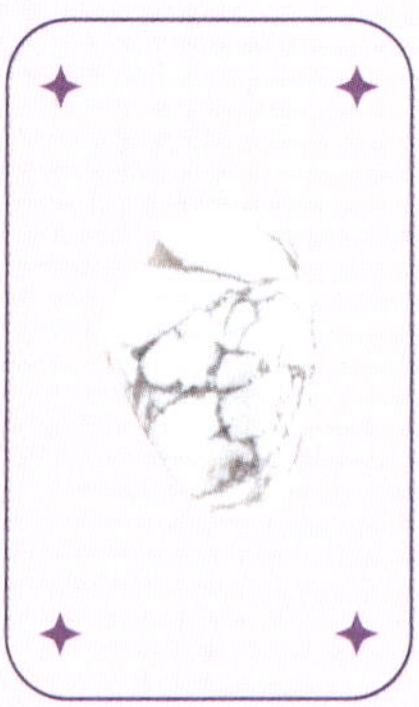

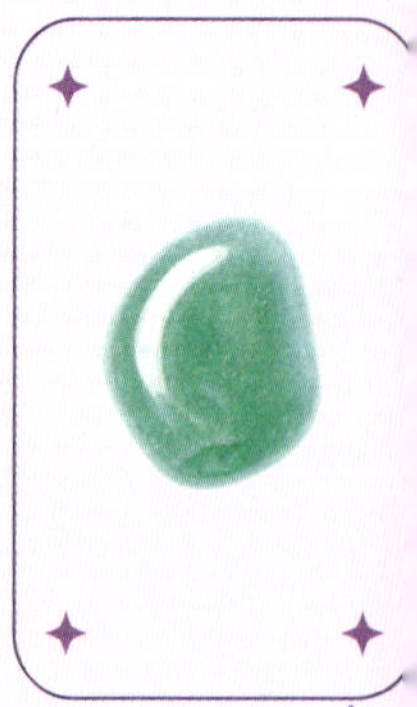

Pendule de cristal

Un pendule est un outil puissant pour obtenir des réponses claires et précises à des questions simples. Attache une pierre à une chaîne ou un fil, tiens-la entre tes doigts et pose des questions fermées (oui/non). Observe les mouvements du pendule pour interpréter les réponses.

Méditation avec les pierres

La méditation avec une pierre te permet de te connecter à son énergie et de recevoir des messages intuitifs. Choisis une pierre qui correspond à ta question, tiens-la dans ta main, ferme les yeux et laisse les images, les sensations ou les pensées émerger.

Pierres runiques

Les runes sont constituées de 25 symboles anciens gravés sur des pierres. Chaque rune possède une signification spécifique. Tu pourras trouver dans le commerce des runes dans toutes sortes de matières, y compris en plastique. Toutefois, lorsqu'elles sont en pierre ou cristal (on en trouve en améthyste, en obsidienne noire, en labradorite, etc.), elles te permettent d'être plus ouvert·e ou intuitif·ve. Tire une ou plusieurs runes pour obtenir des réponses à tes questions et interpréter les symboles en fonction de leur signification et de la pierre utilisée.

6

CHAPITRE

Pierres et bijoux : confectionne tes propres bijoux

Porter des bijoux en pierres, c'est s'entourer d'une énergie positive et bienveillante tout au long de la journée. En créant tes propres bijoux, tu choisis les pierres qui te correspondent le mieux, et tu fabriques des pièces chargées de sens et de beauté.

POURQUOI CRÉER TES PROPRES BIJOUX EN PIERRES ?

Choisir les pierres qui te font vibrer : tu peux sélectionner les pierres qui correspondent à tes besoins, tes envies et ton style.

Amplifier les énergies : en combinant différentes pierres, tu crées des synergies qui décuplent leurs effets.

Créer des pièces uniques : tes bijoux seront uniques et personnels, reflétant ta personnalité et tes intentions.

S'exprimer créativement : la création de bijoux est une activité relaxante et stimulante qui te permet de laisser libre cours à ta créativité.

Offrir des cadeaux uniques : des bijoux faits main avec amour et intention sont des cadeaux précieux et personnalisés.

TECHNIQUES POUR DÉBUTANTES

Bracelets élastiques : faciles à réaliser, les bracelets élastiques te permettent de combiner différentes pierres selon tes envies. Il te suffit de choisir tes perles, de les passer sur un fil élastique et de faire un nœud solide.

Colliers avec pendentif : choisis une pierre percée ou un pendentif en pierre et accroche-le à une chaîne ou un cordon en cuir. Tu peux également ajouter des perles pour créer un collier plus élaboré.

Boucles d'oreilles : utilise des crochets pour boucles d'oreilles, des clous et des perles en pierres pour créer des boucles d'oreilles uniques et élégantes.

CONSEILS PRATIQUES

Règle des trois cristaux : pour éviter la dispersion d'énergie, limite-toi à trois cristaux principaux par bijou.

Symétrie : dispose les cristaux de manière symétrique pour optimiser leur synergie.

Intention : avant de commencer la création, définis clairement l'intention que tu souhaites insuffler à ton bijou (tu peux programmer tes pierres comme je l'explique dans la première partie).

Je crée mon propre talisman bijou

Laisse parler ta créativité ! Imagine et dessine le talisman bijou que tu aimerais créer. Quelles pierres utiliseras-tu ? Quelle forme lui donneras-tu ? Quelles intentions y insuffleras-tu ?

7
CHAPITRE
Pierres et mantras : deux pouvoirs valent mieux qu'un

Un mantra est une phrase courte, positive et inspirante que tu répètes silencieusement ou à voix haute pour calmer ton mental, te connecter à ton cœur et manifester tes intentions. C'est comme une prière, une affirmation ou une mélodie qui apaise ton âme et élève ta vibration.

POURQUOI UTILISER DES PIERRES AVEC LES MANTRAS ?

Les pierres, avec leurs vibrations uniques, amplifient l'énergie des mantras et te connectent à leurs propriétés spécifiques. Par exemple, le quartz rose amplifie l'amour et la compassion, l'améthyste favorise la paix et la sérénité, la citrine attire l'abondance et la joie.

COMMENT UTILISER LES MANTRAS ET LES PIERRES ?

Choisis ta pierre précieuse : sélectionne une pierre qui résonne avec ton intention et l'énergie que tu souhaites cultiver.

Crée ton mantra : choisis un mantra existant ou crée le tien, en utilisant des mots qui te touchent et qui correspondent à ton objectif.

Médite ou répète : installe-toi confortablement, tiens ta pierre dans tes mains ou garde-la près de toi. Ferme les yeux, inspire profondément et commence à répéter ton mantra doucement, à voix haute ou dans ton cœur.

Visualise et respire : imagine la lumière de la pierre qui t'enveloppe à chaque répétition du mantra. Ressens son énergie qui t'apaise et te guide vers un état de calme intérieur.

Fais-en une routine : répète ce rituel aussi souvent que tu en ressens le besoin, de préférence tous les jours, pour renforcer la connexion entre ta pierre et l'intention de ton mantra.

Thème	Mantra	Pierre adaptée
AMOUR	Je suis rempli·e d'amour inconditionnel.	Quartz rose
AMOUR	Je rayonne d'amour et d'harmonie.	Quartz rose
AMOUR	Mon cœur est ouvert à recevoir l'amour.	Quartz rose
AMOUR	Je m'aime et je m'accepte tel·le que je suis.	Quartz rose
AMOUR	Mon cœur est ouvert à la joie et à l'aventure.	Quartz rose
PAIX	Je choisis la paix intérieure.	Améthyste
PAIX	Je suis calme, centré·e et en paix.	Améthyste
PAIX	Mon esprit est clair et tranquille.	Améthyste
PAIX	Je libère toutes les pensées négatives.	Améthyste
ABONDANCE	Je suis rempli·e d'énergie positive.	Citrine
ABONDANCE	Je mérite la richesse et l'abondance.	Citrine
ABONDANCE	J'attire la prospérité dans ma vie.	Citrine
ABONDANCE	Je suis reconnaissant·e pour toutes mes bénédictions.	Citrine

Thème	Mantra	Pierre adaptée
PROTECTION	Je suis protégé·e et en sécurité.	Labradorite, tourmaline noire
TRANSFORMATION	Je suis ouvert·e aux transformations positives.	Labradorite
TRANSFORMATION	J'accepte les changements avec grâce et facilité.	Labradorite
POTENTIEL	Je suis aligné·e avec mon plus haut potentiel.	Labradorite
CHANCE	Je suis chanceux·se et aimé·e.	Aventurine verte
CHANCE	J'attire la chance et les opportunités.	Pyrite
OUVERTURE	Je suis ouvert·e aux nouvelles expériences.	Pyrite
SANTÉ	Je suis en pleine santé et en pleine forme.	Cornaline
SANTÉ	Mon corps est fort et vibrant de santé.	Cornaline
HARMONIE	Je suis en harmonie avec mon corps.	Jade
HARMONIE	Je nourris mon corps avec amour et respect.	Jade
HARMONIE	Je suis en harmonie avec mon environnement.	Amazonite
HARMONIE	Je suis en équilibre avec la nature qui m'entoure.	Agate
BUT DIVIN	Je suis aligné·e avec mon but divin.	Pierre de Lune

Thème	Mantra	Pierre adaptée
SAGESSE	Je suis connecté·e à ma sagesse intérieure.	Pierre de Lune, cristal de roche
SAGESSE	Mon esprit est ouvert aux vérités universelles.	Pierre de Lune
INTUITION	Je suis un canal clair pour l'intuition divine.	Pierre de Lune
INTUITION	Je fais confiance à mon intuition pour me guider.	Pierre de Lune
INTUITION	Mon intuition est claire et précise.	Pierre de Lune
CRÉATION	Je suis un.e créateur·rice de ma vie.	Grenat
MANIFESTA-TION	Je manifeste mes désirs avec facilité et joie.	Pierre de Soleil
POTENTIEL	Mon potentiel est infini et mes possibilités sont illimitées.	Grenat
COURAGE	Je suis courageux·se et confiant·e en toutes circonstances.	Rhodonite
CONFIANCE	Je fais confiance à mes décisions et à mes actions.	Rhodonite
COMPASSION	Mon cœur est rempli de compassion et de bienveillance.	Rhodonite
AMOUR-PROPRE	Je suis digne d'amour et de respect.	Rhodonite
PROTECTION	Je suis en sécurité et protégé·e à tout moment.	Tourmaline noire
LIBÉRATION	Je libère toutes les peurs et les anxiétés.	Tourmaline noire

Thème	Mantra	Pierre adaptée
PRÉSENCE	Je suis enraciné·e et centré·e dans le présent.	Tourmaline noire
PROTECTION	Mon aura est protégée et claire.	Tourmaline noire
CRÉATIVITÉ	Je suis créatif·ve et inspiré·e dans tout ce que je fais.	Fluorite
CRÉATIVITÉ	Ma créativité coule librement à travers moi.	Fluorite
CRÉATIVITÉ	Je suis un canal ouvert pour l'expression artistique.	Fluorite
CRÉATIVITÉ	Je suis une source infinie d'inspiration.	Fluorite
CRÉATIVITÉ	Mes idées sont créatives et novatrices.	Fluorite
OUVERTURE	Je suis ouvert·e à de nouvelles idées et perspectives.	Fluorite
CONFIANCE	Je fais confiance au processus de la vie.	Jaspe
PAIX	Je suis en paix avec moi-même et avec le monde qui m'entoure.	Jaspe
AUTHENTICITÉ	Je suis aligné·e avec ma véritable essence.	Quartz fumé
ANCRAGE	Je suis enraciné·e et connecté·e à la terre.	Obsidienne
SPIRITUALITÉ	Je suis connecté·e à la sagesse intérieure de mon âme.	Cristal de roche
SPIRITUALITÉ	Je suis aligné·e avec les vérités spirituelles les plus élevées.	Super seven

ASTUCE : LES MANTRAS ET LA LOI DE L'ATTRACTION

Les mantras, répétés avec intention et conviction, peuvent activer la Loi de l'attraction et t'aider à manifester tes désirs. En associant un mantra à une pierre qui amplifie son énergie, tu renforces ton pouvoir de manifestation.

Le mantra qui me parle le plus et la pierre la plus adaptée

Trouve les mots qui résonnent en toi ! Quel est le mantra qui te touche le plus ? Quelle pierre aimerais-tu utiliser pour l'amplifier ? Note ton mantra préféré et la pierre qui l'accompagne.

Mantra :	**Pierre :**

8
CHAPITRE
Les pierres et nos compagnons animaux et plantes : partage avec eux leurs énergies bienfaisantes

Les pierres ne sont pas réservées aux humains ! Leurs vibrations douces et bienveillantes peuvent également apaiser, protéger et revitaliser nos amis animaux et nos plantes.

LES ANIMAUX ET LES PIERRES

Calmer un animal stressé : l'améthyste, pierre de paix et de sérénité, peut aider à apaiser un animal anxieux ou stressé. Place une améthyste dans son panier, près de son lieu de repos, ou tiens-la dans ta main pendant que tu le câlines.

Favoriser la vitalité : la cornaline, pierre d'énergie et de vitalité, peut stimuler l'énergie d'un animal fatigué ou convalescent. Place une cornaline dans son environnement ou sur un coussin où il aime se reposer.

Soulager les douleurs : le quartz rose, pierre d'amour et de guérison, peut apporter douceur et réconfort à un animal souffrant. Place un quartz rose près de lui ou sur un coussin où il se repose.

LES PLANTES ET LES PIERRES

Stimuler la croissance : le jade, pierre de prospérité et d'abondance, peut favoriser la croissance des plantes. Place une pierre de jade près de tes pots de fleurs ou dans ton jardin.

Équilibrer l'énergie : le cristal de roche, pierre de purification et d'harmonisation, peut aider à équilibrer l'énergie des plantes et à créer un environnement propice à leur croissance. Place un cristal de roche près de tes plantes ou dans ton jardin.

Améliorer l'absorption des nutriments : le bois fossile, pierre d'ancrage et de stabilité, peut aider les plantes à mieux absorber les nutriments du sol. Place un morceau de bois fossile dans tes pots de fleurs ou dans ton jardin.

PRÉCAUTIONS D'USAGE

Purification des pierres : avant de placer les pierres près de tes animaux ou de tes plantes, purifie-les en les rinçant à l'eau claire ou en les exposant à la lumière lunaire.

Placement : assure-toi que les pierres ne sont pas accessibles à tes animaux, surtout s'ils sont susceptibles de les mâcher. Pour les plantes, place les pierres à proximité, sans les enfouir dans le sol.

Je teste des pierres avec les animaux et les plantes

Partage l'énergie des pierres avec tes compagnons !
Expérimente différentes pierres avec tes animaux et tes plantes.
Note les pierres que tu as utilisées, les réactions que tu as observées et les résultats que tu as obtenus.

Pierre utilisée :

Réactions :

Résultats :

Pierre utilisée :

Réactions :

Résultats :

Pierre utilisée :

Réactions :

Résultats :

Pierre utilisée :

Réactions :

Résultats :

9

CHAPITRE

Pierres et rituels de lune : connecte-toi à la magie des cycles de la nature

La lune, astre mystique et puissant, influence les marées, les cycles de la nature et nos émotions. En te connectant aux cycles lunaires et en pratiquant des rituels en harmonie avec ses phases, tu peux amplifier tes intentions, te libérer du passé et manifester tes rêves.

COMMENT INTÉGRER LES RITUELS DE LUNE ?

Voici quelques exemples de rituels que tu peux pratiquer en fonction des phases lunaires :

NOUVELLE LUNE : créer et semer

- Trouve un endroit calme et confortable.
- Allume une bougie et crée une ambiance sacrée.
- Écris tes intentions et tes désirs sur un papier.
- Brûle le papier en visualisant tes intentions qui se manifestent.
- Porte une pierre d'abondance, comme la citrine, pour attirer la réussite.

PLEINE LUNE : libérer et célébrer

- Sors et connecte-toi à la lumière de la pleine lune.
- Porte des cristaux de purification, comme la sélénite ou le cristal de roche.
- Réfléchis à ce que tu souhaites libérer de ta vie.
- Écris ces aspects sur un papier et brûle-le.
- Prends un bain relaxant avec des pétales de rose et des huiles essentielles

PHASES INTERMÉDIAIRES : ajuster et intégrer

- Crée un espace sacré et utilise des cristaux comme la pierre de Lune pour l'introspection.
- Réfléchis à tes progrès depuis la nouvelle lune et ajuste tes intentions si nécessaire.
- Médite et note tes réflexions dans un journal.

CONSEILS PRATIQUES

Crée un autel de rituel :
aménage un espace dédié à tes rituels de Lune, avec des bougies, des cristaux et des objets qui t'inspirent.

Expérimente les couleurs de bougies :
utilise des bougies de différentes couleurs pour amplifier l'énergie de chaque phase lunaire.

Fais preuve de régularité :
pratique tes rituels régulièrement pour renforcer ta connexion aux cycles lunaires et observer les transformations positives dans ta vie.

10
CHAPITRE

Les grilles de pierres : amplifie tes intentions avec la géométrie sacrée

Les grilles de pierres, combinant la puissance des cristaux à la géométrie sacrée, créent des vortex d'énergie qui démultiplient tes intentions et harmonisent ton espace de vie.

CINQ GRILLES DE PIERRES POPULAIRES

PROTECTION : le pentacle

- **Symbolisme :** protection, équilibre.
- **Pierres :** tourmaline noire, œil-de-tigre, labradorite.
- **Placement :** près de l'entrée ou dans un espace que tu souhaites protéger.

SÉRÉNITÉ : le cercle

- **Symbolisme :** harmonie, infini.
- **Pierres :** améthyste, sélénite, quartz rose.
- **Placement :** dans ta chambre ou ton espace de méditation.

ABONDANCE : la spirale

- **Symbolisme :** croissance, abondance.
- **Pierres :** citrine, aventurine, pyrite.
- **Placement :** dans un espace de travail ou où tu souhaites attirer la prospérité.

PURIFICATION : le triangle

- **Symbolisme :** purification, transformation.
- **Pierres :** cristal de roche, quartz fumé, sélénite.
- **Placement :** dans les pièces où l'énergie semble bloquée ou lourde.

CONFIANCE EN SOI : le carré

- **Symbolisme :** stabilité, confiance.
- **Pierres :** quartz rose, pierre de Lune.
- **Placement :** dans ton espace personnel ou sur ton bureau.

COMMENT CRÉER UNE GRILLE DE PIERRES

Choisis ton intention : définis clairement l'intention que tu souhaites amplifier avec ta grille, par exemple la protection, la sérénité, l'abondance, etc.

Sélectionne les pierres : choisis les pierres qui correspondent à ton intention et à la forme géométrique de la grille.

Purifie et recharge tes pierres : avant de créer ta grille, purifie et recharge tes pierres pour les libérer de toute énergie négative et les imprégner de ton intention.

Crée la forme géométrique : dispose tes pierres sur une surface plane, en suivant la forme géométrique de la grille que tu as choisie.

Active la grille : visualise une lumière blanche qui descend du ciel et enveloppe ta grille, activant son énergie et amplifiant ton intention.

Laisse la grille en place : laisse ta grille en place aussi longtemps que nécessaire, jusqu'à ce que tu sentes que son travail est accompli.

Quelle grille de pierres m'attire le plus et avec quelles pierres la créer ?

Laisse-toi inspirer par la géométrie sacrée ! Quelle forme de grille de pierres t'attire le plus ? Avec quelle pierre aimerais-tu la créer ? Dessine ta grille de pierres idéale et note l'intention que tu souhaites y insuffler.

II

CHAPITRE

Petite encyclopédie des pierres et cristaux

Ce lexique sera ton guide précieux pour explorer les propriétés de très nombreuses pierres et cristaux.

AGATE ARBRE

Couleur : variable, allant du blanc au gris, en passant par le brun, le vert et le rouge, avec des dendrites (inclusions minérales) qui forment des motifs ressemblant à des arbres ou des branches.

Apparence : opaque, avec une texture lisse et un éclat cireux.

Origine : trouvée dans le monde entier, notamment au Brésil, en Inde, aux États-Unis et en Australie.

Mots-clés : ancrage, protection, abondance, croissance, connexion à la nature.

Chakras : racine (Muladhara), cœur (Anahata).

Signes astrologiques : Taureau, Gémeaux, Vierge.

Vertus :

Santé : renforce le système immunitaire, favorise la guérison, soulage les problèmes digestifs.

Psychologie : favorise la patience et la persévérance, renforce la connexion à la nature et à la terre, aide à gérer le stress.

Émotion : libère les peurs et les angoisses, favorise la stabilité émotionnelle et la paix intérieure.

Spiritualité : favorise l'ancrage à la terre, stimule l'énergie vitale, facilite la méditation.

Ésotérisme : pierre de protection contre les énergies négatives, attire la chance et l'abondance, favorise la croissance personnelle et la connexion aux esprits de la nature.

AGATE DU BOTSWANA

Couleur : rose pâle à rose foncé, souvent avec des bandes grises, brunes ou blanches.

Apparence : opaque, avec une texture lisse et un éclat cireux.

Origine : trouvée principalement au Botswana.

Mots-clés : calme, paix intérieure, guérison émotionnelle, créativité, protection.

Chakras : cœur (Anahata), racine (Muladhara).

Signes astrologiques : Taureau, Gémeaux.

Vertus :

Santé : renforce le système immunitaire, favorise la guérison, soulage les problèmes respiratoires.

Psychologie : apaise le mental, favorise la paix intérieure et la sérénité, stimule la créativité.

Émotion : libère les blocages émotionnels, favorise la guérison émotionnelle, aide à surmonter les traumatismes.

Spiritualité : favorise la connexion à la terre, stimule l'ancrage et la stabilité.

Ésotérisme : pierre de protection contre les énergies négatives, attire la chance et la prospérité.

AGATE MOUSSE

Couleur : vert clair à vert foncé, avec des inclusions dendritiques qui ressemblent à de la mousse.

Apparence : translucide à opaque, avec une texture lisse et un éclat cireux.

Origine : trouvée dans le monde entier, notamment en Inde, au Brésil et aux États-Unis.

Mots-clés : abondance, croissance, connexion à la nature, guérison, protection.

Chakras : cœur (Anahata).

Signes astrologiques : Taureau, Vierge.

Vertus :

Santé : renforce le système immunitaire, favorise la guérison, soulage les problèmes respiratoires.

Psychologie : favorise la prospérité et l'abondance, stimule la croissance personnelle, renforce la connexion à la nature.

Émotion : libère les blocages émotionnels, favorise la paix intérieure et l'harmonie émotionnelle.

Spiritualité : favorise la connexion à la terre, stimule l'ancrage et la stabilité.

Ésotérisme : pierre de protection contre les énergies négatives, attire la chance et l'abondance.

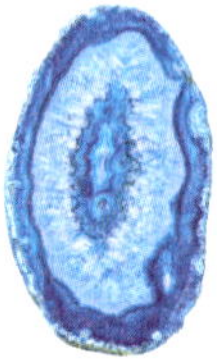

AIGUE-MARINE

Couleur : bleu clair à bleu-vert, rappelant les eaux cristallines de l'océan.

Apparence : transparente à translucide, souvent avec des inclusions qui lui donnent un aspect chatoyant.

Origine : trouvée principalement au Brésil, à Madagascar, en Russie et aux États-Unis.

Mots-clés : communication, clarté, sérénité, courage, purification.

Chakras : gorge (Vishuddha).

Signes astrologiques : Poissons, Gémeaux, Balance.

Vertus :

Santé : soulage les maux de gorge, les problèmes respiratoires, renforce le système immunitaire.

Psychologie : apaise le mental, favorise la communication claire et authentique, renforce le courage et la confiance en soi.

Émotion : libère les peurs et les blocages émotionnels, apporte la paix intérieure et la sérénité.

Spiritualité : facilite la méditation, favorise la connexion à la sagesse intérieure et à la guidance divine.

Ésotérisme : pierre de protection pour les voyages en mer, favorise la clairvoyance et la communication avec les esprits de l'eau.

AMAZONITE

Couleur : vert turquoise à bleu-vert, évoquant les eaux tropicales.

Apparence : opaque, souvent avec des veines blanches ou grises.

Origine : trouvée principalement au Brésil, en Russie, aux États-Unis et en Inde.

Mots-clés : harmonie, communication, vérité, courage, expression de soi.

Chakras : gorge (Vishuddha), cœur (Anahata).

Signes astrologiques : Vierge, Balance, Verseau.

Vertus :

Santé : soulage les maux de gorge, les problèmes de thyroïde, renforce le système immunitaire.

Psychologie : favorise l'expression de soi, renforce la confiance en soi et le courage, apaise le mental et les pensées négatives.

Émotion : libère les blocages émotionnels, favorise l'harmonie intérieure et la paix émotionnelle.

Spiritualité : facilite la méditation, favorise la connexion à la vérité intérieure et à la guidance divine.

Ésotérisme : pierre de protection contre les énergies négatives, favorise la chance et la prospérité.

AMBRE

Couleur : jaune, orange, brun, rouge, parfois avec des inclusions d'insectes ou de plantes.
Apparence : translucide à opaque, avec un éclat résineux.
Origine : trouvée principalement dans les régions baltiques, en République dominicaine, au Mexique et en Birmanie.
Mots-clés : protection, purification, guérison, énergie vitale, connexion à la terre.
Chakras : plexus solaire (Manipura), sacré (Svadhisthana).
Signes astrologiques : Lion, Vierge.

Vertus :

Santé : soulage les douleurs, favorise la guérison, renforce le système immunitaire.
Psychologie : protège des énergies négatives, favorise la joie de vivre et l'optimisme, stimule la créativité.
Émotion : libère les blocages émotionnels, favorise la stabilité émotionnelle et la paix intérieure.
Spiritualité : favorise la connexion à la terre, stimule l'ancrage et la stabilité.
Ésotérisme : pierre de protection contre les énergies négatives, attire la chance et la prospérité.

AMÉTHYSTE

Couleur : violet pâle à violet foncé, évoquant la spiritualité et la sagesse.
Apparence : transparente à translucide, souvent avec des inclusions qui lui donnent un aspect chatoyant.
Origine : trouvée principalement au Brésil, en Uruguay, en Zambie et en Russie.
Mots-clés : paix, sérénité, intuition, spiritualité, transformation.
Chakras : troisième œil (Ajna), couronne (Sahasrara).
Signes astrologiques : Poissons, Vierge, Sagittaire, Capricorne.

Vertus :

Santé : soulage les maux de tête, les insomnies, les addictions, renforce le système immunitaire.

Psychologie : calme le mental, favorise la paix intérieure et la sérénité, stimule l'intuition et la sagesse.

Émotion : libère les peurs, les angoisses et le stress, favorise la guérison émotionnelle et la transformation.

Spiritualité : facilite la méditation, favorise la connexion à la spiritualité et à la guidance divine.

Ésotérisme : pierre de protection contre les énergies négatives, favorise les rêves prémonitoires et la connexion aux plans supérieurs.

ANGÉLITE

Couleur : bleu pâle à blanc, évoquant la pureté et la connexion angélique.

Apparence : opaque, souvent avec des veines grises ou brunes.

Origine : trouvée principalement au Pérou.

Mots-clés : paix, communication angélique, guérison, pardon, compassion.

Chakras : gorge (Vishuddha), troisième œil (Ajna), couronne (Sahasrara).

Signes astrologiques : Verseau, Poissons.

Vertus :

Santé : soulage les maux de gorge, les problèmes respiratoires, favorise la guérison.

Psychologie : apaise le mental, favorise la communication avec les guides spirituels, renforce la compassion et le pardon.

Émotion : libère les peurs, les angoisses et le stress, favorise la paix intérieure et la guérison émotionnelle.

Spiritualité : facilite la méditation, favorise la connexion aux anges et aux guides spirituels.

Ésotérisme : pierre de protection contre les énergies négatives, favorise la communication avec les plans supérieurs et la guidance angélique.

APATITE

Couleur : variable, incluant le vert, le bleu, le jaune, le violet, le rose et le brun.

Apparence : transparente à translucide, avec un éclat vitreux.

Origine : trouvée dans le monde entier, notamment au Brésil, au Mexique, au Canada et en Russie.

Mots-clés : manifestation, communication, inspiration, motivation, clarté mentale.

Chakras : gorge (Vishuddha), troisième œil (Ajna).

Signes astrologiques : Gémeaux, Vierge.

Vertus :

Santé : stimule le métabolisme, favorise la santé des os et des dents, aide à la perte de poids.

Psychologie : favorise la communication claire et authentique, stimule l'inspiration et la motivation, améliore la concentration.

Émotion : aide à surmonter la timidité, favorise l'expression de soi, libère les blocages émotionnels.

Spiritualité : facilite la méditation, favorise la connexion à la guidance divine, stimule l'ouverture d'esprit.

Ésotérisme : amplifie l'énergie des autres cristaux, favorise la manifestation des désirs, attire la chance et l'abondance.

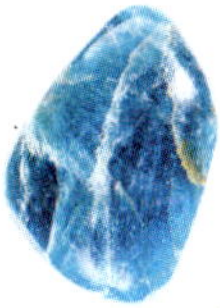

APATITE BLEUE

Couleur : bleu clair à bleu profond, évoquant la paix et la sérénité.

Apparence : transparente à translucide, avec un éclat vitreux.

Origine : trouvée principalement au Brésil, à Madagascar, en Russie et aux États-Unis.

Mots-clés : communication, inspiration, paix intérieure, intuition, expression de soi.

Chakras : gorge (Vishuddha), troisième œil (Ajna).

Signes astrologiques : Poissons, Balance.

Vertus :

Santé : soulage les maux de gorge, favorise la communication, apaise le système nerveux.

Psychologie : stimule l'inspiration et la créativité, favorise la clarté mentale et la concentration.

Émotion : apaise les émotions, favorise la paix intérieure et la sérénité, aide à exprimer ses sentiments.

Spiritualité : facilite la méditation, favorise la connexion à la sagesse intérieure et à la guidance divine.

Ésotérisme : favorise la communication avec les guides spirituels, stimule l'ouverture d'esprit.

APOPHYLLITE

Couleur : incolore, blanc, vert, jaune, rose.

Apparence : transparente à translucide, avec un éclat vitreux.

Origine : trouvée principalement en Inde, au Brésil, au Mexique et en Allemagne.

Mots-clés : connexion spirituelle, intuition, clairvoyance, méditation, ascension.

Chakras : troisième œil (Ajna), couronne (Sahasrara).

Signes astrologiques : Gémeaux, Balance.

Vertus :

Santé : soulage les problèmes respiratoires, favorise la relaxation, renforce le système immunitaire.

Psychologie : stimule l'intuition et la clairvoyance, favorise la clarté mentale et la concentration, aide à la prise de décision.

Émotion : libère les peurs et les angoisses, favorise la paix intérieure et la sérénité.

Spiritualité : facilite la méditation, favorise la connexion aux plans supérieurs et à la guidance divine.

Ésotérisme : pierre de protection contre les énergies négatives, favorise la communication avec les guides spirituels.

ARFVEDSONITE

Couleur : noir, bleu foncé, vert foncé.

Apparence : opaque, avec un éclat vitreux ou soyeux.

Origine : trouvée principalement au Groenland, en Russie, au Canada et aux États-Unis.

Mots-clés : intuition, communication spirituelle, protection psychique, ancrage.

Chakras : troisième œil (Ajna), racine (Muladhara).

Signes astrologiques : Scorpion, Capricorne.

Vertus :

Santé : soulage les maux de tête, favorise la détoxification, renforce le système immunitaire.

Psychologie : stimule l'intuition et la clairvoyance, favorise la communication avec les guides spirituels, aide à surmonter les schémas négatifs.

Émotion : libère les peurs et les angoisses, favorise la stabilité émotionnelle et la paix intérieure.

Spiritualité : facilite la méditation, favorise la connexion aux plans supérieurs et à la guidance divine.

Ésotérisme : pierre de protection contre les énergies négatives, favorise la magie et le mysticisme.

AVENTURINE

Couleur : vert clair à vert foncé, évoquant la nature et la prospérité.

Apparence : translucide à opaque, souvent avec des inclusions brillantes qui lui donnent un aspect scintillant.

Origine : trouvée principalement au Brésil, en Inde, en Russie et en Chine.

Mots-clés : chance, prospérité, abondance, joie, croissance.

Chakras : cœur (Anahata).

Signes astrologiques : Taureau, Cancer, Balance.

Vertus :

Santé : renforce le système immunitaire, soulage les problèmes cardiaques, favorise la guérison.

Psychologie : favorise l'optimisme et la joie de vivre, attire la chance et la prospérité, renforce la confiance en soi.

Émotion : libère les blocages émotionnels, favorise la paix intérieure et l'harmonie émotionnelle.

Spiritualité : favorise la connexion à la nature et aux énergies de la terre, stimule la croissance spirituelle.

Ésotérisme : pierre de protection contre les énergies négatives, attire la chance et l'abondance, favorise la prospérité.

AZURTITE

Couleur : bleu profond à bleu-violet, évoquant le ciel nocturne et la sagesse.

Apparence : opaque, souvent avec des inclusions vertes de malachite.

Origine : trouvée principalement aux États-Unis, au Mexique, au Maroc et en Namibie.

Mots-clés : intuition, sagesse, communication spirituelle, transformation, clairvoyance.

Chakras : troisième œil (Ajna), couronne (Sahasrara).

Signes astrologiques : Sagittaire, Capricorne, Verseau.

Vertus :

Santé : soulage les maux de tête, les problèmes de sinus, favorise la guérison.

Psychologie : stimule l'intuition et la sagesse, favorise la clarté mentale et la concentration, facilite la méditation.

Émotion : libère les blocages émotionnels, favorise la transformation personnelle et la guérison émotionnelle.

Spiritualité : favorise la connexion aux plans supérieurs, stimule la clairvoyance et la communication spirituelle.

Ésotérisme : pierre de protection contre les énergies négatives, favorise la compréhension des rêves et des visions.

BISMUTH

Couleur : argenté, avec des reflets irisés de différentes couleurs.

Apparence : métallique, avec une structure cristalline complexe et géométrique.

Origine : trouvé dans le monde entier, notamment en Bolivie, au Mexique, en Allemagne et en Australie.

Mots-clés : transformation, croissance, connexion, énergie, visualisation.

Chakras : couronne (Sahasrara).

Signes astrologiques : Verseau, Capricorne.

Vertus :

Santé : soulage les douleurs musculaires, favorise la régénération cellulaire, stimule l'énergie vitale.

Psychologie : favorise la transformation personnelle, stimule la créativité et l'imagination, aide à visualiser ses objectifs.

Émotion : libère les blocages émotionnels, favorise la paix intérieure et l'harmonie émotionnelle.

Spiritualité : facilite la méditation, favorise la connexion aux plans supérieurs et à la guidance divine.

Ésotérisme : amplifie l'énergie des autres cristaux, favorise la manifestation des désirs.

BOIS PÉTRIFIÉ

Couleur : brun, gris, noir, rouge, parfois avec des motifs qui rappellent le bois.

Apparence : opaque, avec une texture lisse et un éclat vitreux ou cireux.

Origine : trouvé dans le monde entier, notamment aux États-Unis, en Argentine, à Madagascar et en Australie.

Mots-clés : ancrage, patience, transformation, longévité, connexion à la terre.

Chakras : racine (Muladhara).

Signes astrologiques : Capricorne, Vierge.

Vertus :

Santé : renforce le système squelettique, favorise la vitalité, soulage les douleurs articulaires.

Psychologie : favorise la patience et la persévérance, aide à surmonter les obstacles, stimule la transformation personnelle.

Émotion : libère les peurs et les angoisses, favorise la stabilité émotionnelle et la paix intérieure.

Spiritualité : favorise la connexion à la terre, stimule l'ancrage et la stabilité.

Ésotérisme : pierre de protection contre les énergies négatives, favorise la longévité et la sagesse.

CALCITE

Couleur : variable, allant du blanc au noir, en passant par le jaune, l'orange, le rouge, le vert et le bleu.

Apparence : transparente à opaque, souvent avec des inclusions qui lui donnent un aspect chatoyant.

Origine : trouvée dans le monde entier.

Mots-clés : purification, amplification, transformation, mémoire, clarté mentale.

Chakras : variable selon la couleur.

Signes astrologiques : variable selon la couleur.

Vertus :

Santé : renforce les os et les dents, favorise la guérison, stimule le système immunitaire.

Psychologie : amplifie l'énergie, favorise la clarté mentale et la concentration, stimule la mémoire.

Émotion : libère les blocages émotionnels, favorise la transformation personnelle et la guérison émotionnelle.

Spiritualité : facilite la méditation, favorise la connexion aux plans supérieurs et la purification énergétique.

Ésotérisme : pierre de protection contre les énergies négatives, amplifie l'énergie des autres cristaux.

CALCITE BLEUE

Couleur : bleu clair à bleu profond, évoquant la paix et la sérénité.

Apparence : translucide à opaque, souvent avec des inclusions qui lui donnent un aspect chatoyant.

Origine : trouvée principalement au Mexique, aux États-Unis et en Islande.

Mots-clés : paix, communication, relaxation, intuition, sagesse.

Chakras : gorge (Vishuddha), troisième œil (Ajna).

Signes astrologiques : Poissons, Cancer.

Vertus :

Santé : soulage les maux de gorge, les problèmes respiratoires, favorise la relaxation.

Psychologie : apaise le mental, favorise la communication claire et authentique, stimule l'intuition et la sagesse.

Émotion : libère les peurs et les angoisses, favorise la paix intérieure et la sérénité.

Spiritualité : facilite la méditation, favorise la connexion à la sagesse intérieure et à la guidance divine.

Ésotérisme : pierre de protection contre les énergies négatives, favorise la communication avec les guides spirituels.

CALCITE ORANGE

Couleur : orange vif à orange pâle, évoquant la joie de vivre et la créativité.

Apparence : translucide à opaque, souvent avec des inclusions qui lui donnent un aspect chatoyant.

Origine : trouvée principalement au Mexique, aux États-Unis et en Afrique du Sud.

Mots-clés : créativité, énergie, joie de vivre, motivation, confiance en soi.

Chakras : sacré (Svadhisthana).

Signes astrologiques : Lion, Bélier.

Vertus :

Santé : stimule la digestion, renforce le système immunitaire, favorise la vitalité.

Psychologie : stimule la créativité, l'imagination et la motivation, renforce la confiance en soi et l'optimisme.

Émotion : libère les blocages émotionnels, favorise la joie de vivre et l'enthousiasme.

Spiritualité : favorise la connexion à l'énergie créatrice de l'Univers.

Ésotérisme : pierre de protection contre les énergies négatives, attire la chance et la prospérité.

CALCITE VERTE

Couleur : vert clair à vert foncé, évoquant la nature et la guérison.

Apparence : translucide à opaque, souvent avec des inclusions qui lui donnent un aspect chatoyant.

Origine : trouvée principalement au Mexique, aux États-Unis et au Brésil.

Mots-clés : guérison, prospérité, abondance, harmonie, équilibre.

Chakras : cœur (Anahata).

Signes astrologiques : Taureau, Vierge, Balance.

Vertus :

Santé : renforce le système immunitaire, favorise la guérison, soulage les problèmes cardiaques.

Psychologie : favorise la prospérité et l'abondance, renforce la confiance en soi et l'optimisme.

Émotion : libère les blocages émotionnels, favorise la paix intérieure et l'harmonie émotionnelle.

Spiritualité : favorise la connexion à la nature et aux énergies de la terre, stimule la croissance spirituelle.

Ésotérisme : pierre de protection contre les énergies négatives, attire la chance et l'abondance.

CÉLESTINE

Couleur : bleu pâle à blanc, évoquant la paix et la connexion céleste.

Apparence : transparente à translucide, souvent avec des inclusions qui lui donnent un aspect chatoyant.

Origine : trouvée principalement à Madagascar, aux États-Unis, en Italie et en Pologne.

Mots-clés : paix, communication angélique, intuition, sagesse, spiritualité.

Chakras : gorge (Vishuddha), troisième œil (Ajna), couronne (Sahasrara).

Signes astrologiques : Gémeaux, Balance, Verseau.

Vertus :

Santé : soulage les maux de gorge, les problèmes respiratoires, favorise la relaxation.

Psychologie : apaise le mental, favorise la communication avec les guides spirituels, renforce l'intuition et la sagesse.

Émotion : libère les peurs et les angoisses, favorise la paix intérieure et la sérénité.

Spiritualité : facilite la méditation, favorise la connexion aux anges et aux guides spirituels, stimule la clairvoyance.

Ésotérisme : pierre de protection contre les énergies négatives, favorise la communication avec les plans supérieurs et la guidance angélique.

CHAROÏTE

Couleur : violet vif à violet foncé, avec des motifs tourbillonnants de blanc, de noir et de brun.

Apparence : opaque, avec une texture fibreuse.

Origine : trouvée uniquement en Russie.

Mots-clés : transformation, intuition, spiritualité, guérison, connexion à la terre.

Chakras : troisième œil (Ajna), couronne (Sahasrara), racine (Muladhara).

Signes astrologiques : Sagittaire, Verseau.

Vertus :

Santé : renforce le système immunitaire, favorise la détoxification, soulage les insomnies.

Psychologiques : favorise la transformation personnelle, stimule l'intuition et la sagesse, renforce la connexion à la terre.

Émotionnels : libère les peurs et les blocages émotionnels, favorise la guérison émotionnelle et la paix intérieure.

Spirituels : facilite la méditation, favorise la connexion aux plans supérieurs et la guidance spirituelle.

Ésotériques : pierre de protection contre les énergies négatives, favorise la transformation spirituelle et l'éveil de la conscience.

CHRYSOCOLLE

Couleur : bleu-vert à vert turquoise, souvent avec des inclusions de malachite ou d'azurite.

Apparence : opaque, avec une texture lisse et cireuse.

Origine : trouvée principalement aux États-Unis, au Mexique, au Chili et en Australie.

Mots-clés : communication, paix, sagesse, créativité, guérison émotionnelle.

Chakras : gorge (Vishuddha), cœur (Anahata).

Signes astrologiques : Taureau, Gémeaux, Vierge.

Vertus :

Santé : soulage les maux de gorge, les problèmes respiratoires, favorise la détoxification.

Psychologie : favorise la communication claire et authentique, apaise le mental, stimule la créativité.

Émotion : libère les blocages émotionnels, favorise la paix intérieure et la guérison émotionnelle.

Spiritualité : favorise la connexion à la sagesse intérieure et à la guidance divine.

Ésotérisme : pierre de protection contre les énergies négatives, favorise la paix et l'harmonie.

CHRYSOPRASE

Couleur : vert pomme à vert émeraude.

Apparence : translucide à opaque, avec un éclat vitreux.

Origine : trouvée principalement en Australie, au Brésil, en Pologne et en Russie.

Mots-clés : abondance, prospérité, joie de vivre, guérison émotionnelle, compassion.

Chakras : cœur (Anahata).

Signes astrologiques : Taureau, Balance.

Vertus :

Santé : renforce le système immunitaire, favorise la détoxification, soulage les problèmes cardiaques.

Psychologie : attire l'abondance et la prospérité, favorise la joie de vivre et l'optimisme, stimule la compassion et l'empathie.

Émotion : libère les blocages émotionnels, favorise la guérison émotionnelle, aide à surmonter les traumatismes.

Spiritualité : favorise la connexion à la nature et aux énergies de la terre, stimule la croissance spirituelle.

Ésotérisme : pierre de protection contre les énergies négatives, attire la chance et l'abondance.

CITRINE

Couleur : jaune pâle à jaune orangé, évoquant le soleil et la joie de vivre.

Apparence : transparente à translucide, souvent avec des inclusions qui lui donnent un aspect chatoyant.

Origine : trouvée principalement au Brésil, à Madagascar, en Russie et aux États-Unis.

Mots-clés : abondance, prospérité, joie de vivre, confiance en soi, créativité.

Chakras : plexus solaire (Manipura).

Signes astrologiques : Lion, Gémeaux, Vierge.

Vertus :

Santé : stimule la digestion, renforce le système immunitaire, favorise la vitalité.

Psychologie : attire la prospérité et l'abondance, renforce la confiance en soi et l'optimisme, stimule la créativité.

Émotion : libère les blocages émotionnels, favorise la joie de vivre et l'enthousiasme.

Spiritualité : favorise la connexion à l'énergie solaire et à la puissance créatrice de l'Univers.

Ésotérisme : pierre de protection contre les énergies négatives, attire la chance et l'abondance.

CORNALINE

Couleur : orange vif à rouge orangé, évoquant l'énergie et la vitalité.

Apparence : translucide à opaque, souvent avec des bandes ou des motifs.

Origine : trouvée principalement en Inde, au Brésil, en Uruguay et aux États-Unis.

Mots-clés : vitalité, courage, créativité, motivation, ancrage.

Chakras : sacré (Svadhisthana), racine (Muladhara).

Signes astrologiques : Bélier, Taureau, Lion.

Vertus :

Santé : stimule la circulation sanguine, renforce le système immunitaire, favorise la vitalité.

Psychologie : renforce le courage et la confiance en soi, stimule la motivation et la créativité.

Émotion : libère les blocages émotionnels, favorise la joie de vivre et l'enthousiasme.

Spiritualité : favorise l'ancrage à la terre, stimule l'énergie vitale.

Ésotérisme : pierre de protection contre les énergies négatives, attire la chance et la prospérité.

CRISTAL DE ROCHE

(dit également quartz clair)

Couleur : incolore, transparent comme de l'eau pure.

Apparence : transparent, souvent avec des inclusions qui lui donnent un aspect unique.

Origine : trouvé dans le monde entier.

Mots-clés : clarté, amplification, guérison, énergie, connexion spirituelle.

Chakras : tous les chakras.

Signes astrologiques : tous les signes.

Vertus :

Santé : amplifie l'énergie des autres cristaux, favorise la guérison, renforce le système immunitaire.

Psychologie : clarifie les pensées, favorise la concentration et la clarté mentale, amplifie l'énergie positive.

Émotion : libère les blocages émotionnels, favorise la paix intérieure et l'harmonie émotionnelle.

Spiritualité : facilite la méditation, favorise la connexion à la spiritualité et à la guidance divine.

Ésotérisme : pierre de protection contre les énergies négatives, amplifie l'énergie des autres cristaux, favorise la communication avec les plans supérieurs.

DIAMANT

Couleur : incolore, mais peut présenter des teintes de jaune, brun, rose, bleu ou vert.

Apparence : transparent, avec un éclat brillant et une dureté exceptionnelle.

Origine : trouvé principalement en Afrique, en Russie, en Australie et au Canada.

Mots-clés : pureté, force, clarté, abondance, amour éternel.

Chakras : tous les chakras.

Signes astrologiques : Bélier, Lion.

Vertus :

Santé : amplifie l'énergie des autres cristaux, favorise la guérison, renforce le système immunitaire.

Psychologie : renforce la confiance en soi, favorise la clarté mentale et la concentration, attire l'abondance et la prospérité.

Émotion : favorise l'amour inconditionnel, la pureté des sentiments, la joie de vivre.

Spiritualité : facilite la méditation, favorise la connexion à la spiritualité et à la guidance divine.

Ésotérisme : pierre de protection contre les énergies négatives, amplifie l'énergie des autres cristaux, symbolise l'amour éternel et la pureté.

EMERAUDE

Couleur : vert profond et intense, évoquant la nature et la prospérité.

Apparence : transparente à translucide, souvent avec des inclusions qui lui donnent un aspect unique.

Origine : trouvée principalement en Colombie, au Brésil, en Zambie et au Zimbabwe.

Mots-clés : abondance, amour, guérison, compassion, sagesse.

Chakras : cœur (Anahata).

Signes astrologiques : Taureau, Cancer, Balance.

Vertus :

Santé : renforce le système immunitaire, favorise la guérison, soulage les problèmes cardiaques.

Psychologie : attire l'abondance et la prospérité, favorise l'amour et la compassion, renforce la sagesse et la patience.

Émotion : libère les blocages émotionnels, favorise la paix intérieure et l'harmonie émotionnelle.

Spiritualité : favorise la connexion à la nature et aux énergies de la terre, stimule la croissance spirituelle.

Ésotérisme : pierre de protection contre les énergies négatives, attire la chance et l'abondance, symbolise l'amour et la prospérité.

FLUORITE

Couleur : variable, allant du violet au vert, en passant par le bleu, le jaune et le rose.

Apparence : transparente à translucide, souvent avec des bandes ou des zones de couleurs différentes.

Origine : trouvée dans le monde entier.

Mots-clés : concentration, clarté mentale, apprentissage, intuition, protection.

Chakras : troisième œil (Ajna), couronne (Sahasrara).

Signes astrologiques : Poissons, Capricorne, Verseau.

Vertus :

Santé : renforce les os et les dents, favorise la concentration et la mémoire, soulage les maux de tête.

Psychologie : favorise la clarté mentale et la concentration, stimule l'apprentissage et la mémoire, renforce l'intuition.

Émotion : libère les blocages émotionnels, favorise la paix intérieure et la stabilité émotionnelle.

Spiritualité : facilite la méditation, favorise la connexion à la spiritualité et à la guidance divine.

Ésotérisme : pierre de protection contre les énergies négatives, favorise la concentration et la clarté mentale.

GRENAT

Couleur : rouge foncé, brun rougeâtre, vert, orange, jaune, noir.

Apparence : transparent à opaque, avec un éclat vitreux.

Origine : trouvé dans le monde entier.

Mots-clés : passion, énergie, vitalité, courage, engagement.

Chakras : racine (Muladhara), sacré (Svadhisthana).

Signes astrologiques : Bélier, Lion, Scorpion, Capricorne.

Vertus :

Santé : stimule la circulation sanguine, renforce le système immunitaire, favorise la vitalité.

Psychologie : renforce la confiance en soi, stimule la passion et la motivation, favorise le courage et la détermination.

Émotion : libère les blocages émotionnels, favorise la joie de vivre et l'enthousiasme.

Spiritualité : favorise l'ancrage à la terre, stimule l'énergie vitale et la kundalini.

Ésotérisme : pierre de protection contre les énergies négatives, attire la chance et la prospérité, symbolise la passion et l'engagement.

HÉLIOTROPE

(bloodstone)

Couleur : vert foncé, avec des taches rouges d'oxyde de fer.

Apparence : opaque, avec une texture lisse et un éclat cireux.

Origine : trouvée principalement en Inde, au Brésil, en Australie et aux États-Unis.

Mots-clés : courage, vitalité, purification, ancrage, protection.

Chakras : racine (Muladhara), cœur (Anahata).

Signes astrologiques : Bélier, Poissons.

Vertus :

Santé : purifie le sang, renforce le système immunitaire, favorise la vitalité.

Psychologie : renforce le courage et la confiance en soi, favorise la prise de décision, aide à surmonter les obstacles.

Émotion : libère les peurs et les angoisses, favorise la stabilité émotionnelle et la paix intérieure.

Spiritualité : favorise l'ancrage à la terre, stimule l'énergie vitale.

Ésotérisme : pierre de protection contre les énergies négatives, attire la chance et la prospérité.

HÉMATITE

Couleur : gris métallique à noir, avec un éclat métallique.

Apparence : opaque, lourde et dense.

Origine : trouvée dans le monde entier.

Mots-clés : ancrage, protection, force, courage, concentration.

Chakras : racine (Muladhara).

Signes astrologiques : Bélier, Scorpion.

Vertus :

Santé : renforce le sang, favorise la circulation sanguine, soulage les crampes.

Psychologie : favorise la concentration et la clarté mentale, renforce la volonté et la confiance en soi.

Émotion : libère les peurs et les angoisses, favorise le courage et la force intérieure.

Spiritualité : favorise l'ancrage à la terre, protège des énergies négatives.

Ésotérisme : pierre de protection contre les énergies négatives, favorise la concentration et la mise en action.

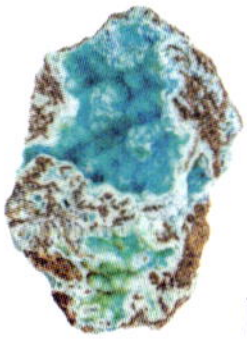

HÉMIMORPHITE

Couleur : bleu clair à bleu-vert, blanc, incolore, jaune, brun.

Apparence : translucide à opaque, souvent en forme de cristaux tabulaires ou en agrégats botryoïdes.

Origine : trouvée principalement aux États-Unis, au Mexique, en Namibie et en Chine.

Mots-clés : communication, pardon, guérison émotionnelle, purification, transformation.

Chakras : gorge (Vishuddha), cœur (Anahata).

Signes astrologiques : Balance, Verseau.

Vertus :

Santé : soulage les maux de tête, les problèmes respiratoires, favorise la détoxification.

Psychologie : favorise la communication claire et authentique, renforce le pardon et la compassion.

Émotion : libère les blocages émotionnels, favorise la guérison émotionnelle et la paix intérieure.

Spiritualité : facilite la méditation, favorise la connexion à la sagesse intérieure et à la guidance divine.

Ésotérisme : pierre de protection contre les énergies négatives, favorise la communication avec les guides spirituels.

HOWLITE

Couleur : blanc, souvent avec des veines grises ou noires.

Apparence : opaque, avec une texture poreuse.

Origine : trouvée principalement aux États-Unis et au Canada.

Mots-clés : calme, patience, mémoire, communication, purification.

Chakras : couronne (Sahasrara).

Signes astrologiques : Gémeaux.

Vertus :

Santé : renforce les os et les dents, favorise le sommeil, soulage les insomnies.

Psychologie : apaise le mental, favorise la patience et la tolérance, stimule la mémoire.

Émotion : libère les peurs et les angoisses, favorise la paix intérieure et la sérénité.

Spiritualité : facilite la méditation, favorise la connexion à la sagesse intérieure et à la guidance divine.

Ésotérisme : pierre de protection contre les énergies négatives, favorise la communication avec les plans supérieurs.

JADE

Couleur : vert, blanc, jaune, orange, lavande, noir.

Apparence : translucide à opaque, avec une texture lisse et cireuse.

Origine : trouvée principalement en Chine, en Birmanie, en Russie et au Guatemala.

Mots-clés : harmonie, sagesse, prospérité, abondance, guérison.

Chakras : cœur (Anahata).

Signes astrologiques : Balance, Taureau, Cancer.

Vertus :

Santé : renforce le système immunitaire, favorise la guérison, soulage les problèmes rénaux.

Psychologie : attire la prospérité et l'abondance, favorise la sagesse et la paix intérieure.

Émotion : libère les blocages émotionnels, favorise l'harmonie émotionnelle et la stabilité.

Spiritualité : favorise la connexion à la nature et aux énergies de la terre, stimule la croissance spirituelle.

Ésotérisme : pierre de protection contre les énergies négatives, attire la chance et l'abondance, symbolise la sagesse et la prospérité.

JADE NÉPHRITE

Couleur : vert clair à vert foncé, parfois avec des veines blanches ou grises.

Apparence : opaque, avec une texture lisse et un éclat cireux.

Origine : trouvée principalement en Chine, en Nouvelle-Zélande, au Canada et en Russie.

Mots-clés : harmonie, sagesse, prospérité, abondance, guérison.

Chakras : cœur (Anahata).

Signes astrologiques : Balance, Taureau, Cancer.

Vertus :

Santé : renforce le système immunitaire, favorise la guérison, soulage les problèmes rénaux.

Psychologie : attire la prospérité et l'abondance, favorise la sagesse et la paix intérieure.

Émotion : libère les blocages émotionnels, favorise l'harmonie émotionnelle et la stabilité.

Spiritualité : favorise la connexion à la nature et aux énergies de la terre, stimule la croissance spirituelle.

Ésotérisme : pierre de protection contre les énergies négatives, attire la chance et l'abondance, symbolise la sagesse et la prospérité.

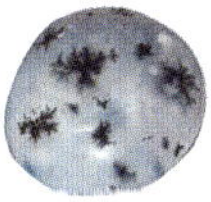

INDIGO GABBRO/ MERLINITE

Couleur : noir et bleu foncé, avec des inclusions blanches ou grises.

Apparence : opaque, avec une texture granulaire et un éclat vitreux.

Origine : trouvée principalement à Madagascar.

Mots-clés : magie, intuition, transformation, protection, connexion spirituelle.

Chakras : troisième œil (Ajna), couronne (Sahasrara).

Signes astrologiques : Sagittaire, Verseau.

Vertus :

Santé : favorise la détoxification, renforce le système immunitaire, soulage les maux de tête.

Psychologie : stimule l'intuition et la clairvoyance, favorise la transformation personnelle, renforce la connexion spirituelle.

Émotion : libère les peurs et les blocages émotionnels, favorise la paix intérieure et la sérénité.

Spiritualité : facilite la méditation, favorise la connexion aux plans supérieurs et à la guidance divine.

Ésotérisme : pierre de protection contre les énergies négatives, favorise la magie et le mysticisme.

JASPE

Couleur : variable, allant du rouge au vert, en passant par le jaune, le brun et le noir.

Apparence : opaque, souvent avec des bandes ou des motifs.

Origine : trouvée dans le monde entier.

Mots-clés : ancrage, protection, force, courage, vitalité.

Chakras : racine (Muladhara).

Signes astrologiques : variable selon la couleur.

Vertus :

Santé : renforce le système immunitaire, favorise la vitalité, soulage les problèmes digestifs.

Psychologie : renforce la confiance en soi, favorise le courage et la détermination, stimule l'énergie vitale.

Émotion : libère les blocages émotionnels, favorise la stabilité émotionnelle et la paix intérieure.

Spiritualité : favorise l'ancrage à la terre, stimule l'énergie vitale.

Ésotérisme : pierre de protection contre les énergies négatives, attire la chance et la prospérité.

JASPE JAUNE

Couleur : jaune pâle à jaune doré, évoquant la joie de vivre et l'optimisme.

Apparence : opaque, souvent avec des bandes ou des motifs.

Origine : trouvée principalement en Afrique, en Inde et aux États-Unis.

Mots-clés : joie de vivre, optimisme, confiance en soi, communication, créativité.

Chakras : plexus solaire (Manipura).

Signes astrologiques : Gémeaux, Lion.

Vertus :

Santé : stimule la digestion, renforce le système immunitaire, favorise la vitalité.

Psychologie : favorise l'optimisme et la joie de vivre, renforce la confiance en soi et la communication.

Émotion : libère les blocages émotionnels, favorise la joie de vivre et l'enthousiasme.

Spiritualité : favorise la connexion à l'énergie solaire et à la puissance créatrice de l'Univers.

Ésotérisme : pierre de protection contre les énergies négatives, attire la chance et la prospérité.

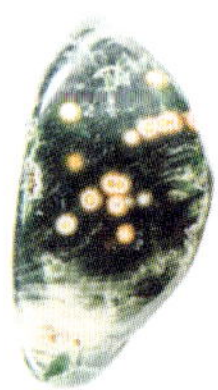

JASPE OCÉAN

Couleur : vert, bleu, blanc, avec des motifs qui rappellent les vagues de l'océan.

Apparence : opaque, avec des motifs uniques qui ressemblent à des vagues, des bulles ou des coquillages.

Origine : trouvée principalement à Madagascar.

Mots-clés : calme, paix intérieure, communication, purification, guérison émotionnelle.

Chakras : gorge (Vishuddha), cœur (Anahata).

Signes astrologiques : Cancer, Poissons.

Vertus :

Santé : soulage les maux de gorge, les problèmes respiratoires, favorise la relaxation.

Psychologie : apaise le mental, favorise la communication claire et authentique, stimule la créativité.

Émotion : libère les blocages émotionnels, favorise la paix intérieure et la guérison émotionnelle.

Spiritualité : favorise la connexion à l'énergie de l'eau et à la sagesse intuitive.

Ésotérisme : pierre de protection contre les énergies négatives, favorise la communication avec les esprits de l'eau.

JASPE PAYSAGE

Couleur : brun, beige, gris, avec des motifs qui rappellent des paysages.

Apparence : opaque, avec des motifs uniques qui ressemblent à des montagnes, des rivières ou des déserts.

Origine : trouvée dans le monde entier.

Mots-clés : ancrage, connexion à la terre, patience, persévérance, protection.

Chakras : racine (Muladhara).

Signes astrologiques : Taureau, Vierge, Capricorne.

Vertus :

Santé : renforce le système immunitaire, favorise la vitalité, soulage les problèmes digestifs.

Psychologie : favorise la patience et la persévérance, renforce la connexion à la nature et à la terre.

Émotion : libère les peurs et les angoisses, favorise la stabilité émotionnelle et la paix intérieure.

Spiritualité : favorise l'ancrage à la terre, stimule l'énergie vitale.

Ésotérisme : pierre de protection contre les énergies négatives, favorise la connexion aux esprits de la nature.

JASPE ROUGE

Couleur : rouge vif à rouge brunâtre, évoquant l'énergie et la vitalité.

Apparence : opaque, souvent avec des bandes ou des motifs.

Origine : trouvée principalement en Afrique, en Inde et aux États-Unis.

Mots-clés : courage, force, ancrage, vitalité, protection.

Chakras : racine (Muladhara).

Signes astrologiques : Bélier, Scorpion.

Vertus :

Santé : stimule la circulation sanguine, renforce le système immunitaire, favorise la vitalité.

Psychologie : renforce le courage et la confiance en soi, stimule l'énergie vitale et la motivation.

Émotion : libère les peurs et les angoisses, favorise la force intérieure et la stabilité émotionnelle.

Spiritualité : favorise l'ancrage à la terre, stimule l'énergie vitale.

Ésotérisme : pierre de protection contre les énergies négatives, attire la chance et la prospérité.

KYANITE

Couleur : bleu, vert, noir, incolore, orange, jaune.

Apparence : translucide à opaque, souvent en forme de lames ou de cristaux allongés.

Origine : trouvée principalement au Brésil, aux États-Unis, en Suisse et en Inde.

Mots-clés : alignement, communication, intuition, clarté mentale, protection.

Chakras : tous les chakras.

Signes astrologiques : Taureau, Balance, Sagittaire, Verseau.

Vertus :

Santé : favorise l'alignement des chakras, renforce le système immunitaire, soulage les maux de gorge.

Psychologie : favorise la clarté mentale et la concentration, stimule l'intuition et la communication.

Émotion : libère les blocages émotionnels, favorise l'équilibre émotionnel et la paix intérieure.

Spiritualité : facilite la méditation, favorise la connexion à la sagesse intérieure et à la guidance divine.

Ésotérisme : pierre de protection contre les énergies négatives, favorise la communication avec les guides spirituels.

KYANITE BLEUE

Couleur : bleu clair à bleu foncé, parfois avec des nuances de vert ou de noir.

Apparence : translucide à opaque, avec un éclat vitreux ou nacré.

Origine : trouvée principalement au Brésil, aux États-Unis, en Suisse et en Inde.

Mots-clés : communication, alignement, intuition, clarté mentale, protection.

Chakras : gorge (Vishuddha), troisième œil (Ajna).

Signes astrologiques : Taureau, Balance, Sagittaire, Verseau.

Vertus :

Santé : soulage les maux de gorge, favorise la communication, aide à l'expression de soi.

Psychologie : favorise la clarté mentale et la concentration, stimule l'intuition et la communication.

Émotion : libère les blocages émotionnels, favorise l'équilibre émotionnel et la paix intérieure.

Spiritualité : facilite la méditation, favorise la connexion à la sagesse intérieure et à la guidance divine.

Ésotérisme : pierre de protection contre les énergies négatives, favorise la communication avec les guides spirituels.

LABRADORITE

Couleur : gris foncé à noir, avec des reflets irisés de bleu, vert, jaune et orange.

Apparence : opaque, avec un jeu de couleurs chatoyant appelé « labradorescence ».

Origine : trouvée principalement au Canada, à Madagascar, en Finlande et en Russie.

Mots-clés : intuition, magie, transformation, protection, mysticisme.

Chakras : tous les chakras, en particulier le troisième œil (Ajna).

Signes astrologiques : Poissons, Sagittaire, Cancer.

Vertus :

Santé : renforce le système immunitaire, soulage les maux de tête, favorise la régénération cellulaire.

Psychologie : stimule l'intuition et la créativité, favorise la transformation personnelle et la connexion à la sagesse intérieure.

Émotion : libère les peurs et les blocages émotionnels, favorise la confiance en soi et l'expression de soi.

Spiritualité : facilite la méditation, favorise la connexion aux plans supérieurs et la guidance spirituelle.

Ésotérisme : pierre de protection contre les énergies négatives, favorise la magie et le mysticisme, réveille les pouvoirs psychiques.

LAPIS-LAZULI

Couleur : bleu profond et intense, souvent avec des inclusions dorées de pyrite.

Apparence : opaque, avec une texture lisse et un éclat mat.

Origine : trouvée principalement en Afghanistan, au Chili, en Russie et aux États-Unis.

Mots-clés : sagesse, vérité, communication, intuition, spiritualité.

Chakras : gorge (Vishuddha), troisième œil (Ajna).

Signes astrologiques : Sagittaire, Verseau.

Vertus :

Santé : soulage les maux de gorge, les problèmes respiratoires, renforce le système immunitaire.

Psychologie : favorise la communication claire et authentique, stimule l'intuition et la sagesse, renforce la confiance en soi.

Émotion : libère les blocages émotionnels, favorise la paix intérieure et l'harmonie émotionnelle.

Spiritualité : facilite la méditation, favorise la connexion à la spiritualité et à la guidance divine.

Ésotérisme : pierre de protection contre les énergies négatives, favorise la communication avec les guides spirituels, symbolise la sagesse et la vérité.

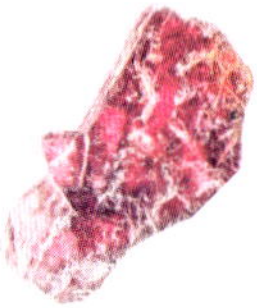

LEPIDOLITE

Couleur : rose lilas à violet, gris, blanc.

Apparence : opaque, avec une texture feuilletée et un éclat nacré.

Origine : trouvée principalement au Brésil, aux États-Unis, en Russie et à Madagascar.

Mots-clés : calme, paix intérieure, transformation, transition, amour de soi.

Chakras : cœur (Anahata), couronne (Sahasrara).

Signes astrologiques : Balance, Verseau.

Vertus :

Santé : soulage le stress et l'anxiété, favorise le sommeil, aide à surmonter les addictions.

Psychologie : apaise le mental, favorise la paix intérieure et la sérénité, aide à traverser les périodes de changement.

Émotion : libère les blocages émotionnels, favorise la guérison émotionnelle, stimule l'amour de soi.

Spiritualité : facilite la méditation, favorise la connexion à la sagesse intérieure et à la guidance divine.

Ésotérisme : pierre de protection contre les énergies négatives, favorise la transformation personnelle.

MALACHITE

Couleur : vert intense, avec des bandes ou des motifs concentriques.

Apparence : opaque, avec une texture lisse et un éclat soyeux.

Origine : trouvée principalement en Russie, au Congo, en Zambie et en Australie.

Mots-clés : transformation, protection, guérison, abondance, courage.

Chakras : cœur (Anahata).

Signes astrologiques : Scorpion, Capricorne.

Vertus :

Santé : soulage les douleurs, favorise la détoxification, renforce le système immunitaire.

Psychologie : favorise la transformation personnelle, renforce le courage et la confiance en soi, attire l'abondance.

Émotion : libère les blocages émotionnels, favorise la guérison émotionnelle et la paix intérieure.

Spiritualité : favorise la connexion à la nature et aux énergies de la terre, stimule la croissance spirituelle.

Ésotérisme : pierre de protection contre les énergies négatives, attire la chance et l'abondance, symbolise la transformation et la guérison.

MÉTÉORITE

Couleur : variable, souvent gris foncé, noir, brun ou métallique.

Apparence : variable, peut être rugueuse, lisse, magnétique ou non magnétique.

Origine : provient de l'espace, tombée sur terre.

Mots-clés : transformation, connexion cosmique, ancrage, protection, force.

Chakras : tous les chakras, en particulier le racine (Muladhara) et le couronne (Sahasrara).

Signes astrologiques : tous les signes.

Vertus :

Santé : renforce le système immunitaire, favorise la vitalité, stimule la régénération cellulaire.

Psychologie : favorise la transformation personnelle, stimule l'ouverture d'esprit, aide à se connecter à son potentiel.

Émotion : libère les peurs et les blocages émotionnels, favorise la stabilité émotionnelle et la paix intérieure.

Spiritualité : favorise la connexion à l'Univers, stimule l'éveil spirituel.

Ésotérisme : pierre de protection contre les énergies négatives, favorise la manifestation des désirs.

MOLDAVITE

Couleur : vert olive à vert foncé.

Apparence : translucide à opaque, avec une texture rugueuse et des inclusions de bulles.

Origine : trouvée uniquement en République tchèque.

Mots-clés : transformation, connexion spirituelle, éveil, accélération, protection.

Chakras : tous les chakras, en particulier le cœur (Anahata) et le troisième œil (Ajna).

Signes astrologiques : tous les signes.

Vertus :

Santé : favorise la détoxification, stimule la guérison, renforce le système immunitaire.

Psychologie : favorise la transformation personnelle, accélère le développement spirituel, stimule l'intuition.

Émotion : libère les blocages émotionnels, favorise la guérison émotionnelle et l'ouverture du cœur.

Spiritualité : facilite la méditation, favorise la connexion aux plans supérieurs et la guidance spirituelle.

Ésotérisme : pierre de protection contre les énergies négatives, favorise la transformation spirituelle et l'éveil de la conscience.

MOOKAITE

Couleur : jaune, rouge, marron, crème, avec des motifs abstraits.

Apparence : opaque, avec une texture lisse et un éclat cireux.

Origine : trouvée principalement en Australie.

Mots-clés : aventure, courage, décision, ancrage, protection.

Chakras : plexus solaire (Manipura), racine (Muladhara).

Signes astrologiques : Bélier, Vierge.

Vertus :

Santé : renforce le système immunitaire, favorise la vitalité, soulage les problèmes digestifs.

Psychologie : favorise la prise de décision, stimule le courage et la confiance en soi, aide à surmonter les défis.

Émotion : libère les peurs et les angoisses, favorise la stabilité émotionnelle et la paix intérieure.

Spiritualité : favorise la connexion à la terre, stimule l'ancrage et la stabilité.

Ésotérisme : pierre de protection contre les énergies négatives, attire la chance et la prospérité.

N

NUUMITE

Couleur : noir, gris foncé, avec des reflets irisés de bleu, vert, or ou rouge.

Apparence : opaque, avec une texture lamellaire et un éclat métallique.

Origine : trouvée uniquement au Groenland.

Mots-clés : transformation, intuition, magie, connexion spirituelle, ancrage.

Chakras : racine (Muladhara), troisième œil (Ajna).

Signes astrologiques : Scorpion, Sagittaire.

Vertus :

Santé : favorise la détoxification, renforce le système immunitaire, stimule la vitalité.

Psychologie : stimule l'intuition et la clairvoyance, favorise la transformation personnelle, renforce la connexion spirituelle.

Émotion : libère les peurs et les blocages émotionnels, favorise la paix intérieure et la sérénité.

Spiritualité : facilite la méditation, favorise la connexion aux plans supérieurs et à la guidance divine.

Ésotérisme : pierre de protection contre les énergies négatives, favorise la magie et le mysticisme.

OBSIDIENNE

Couleur : noir, gris foncé, brun foncé, parfois avec des reflets irisés.

Apparence : opaque, avec un éclat vitreux.

Origine : trouvée dans le monde entier, en particulier dans les zones volcaniques.

Mots-clés : protection, ancrage, transformation, vérité, introspection.

Chakras : racine (Muladhara).

Signes astrologiques : Scorpion, Capricorne.

Vertus :

Santé : favorise la détoxification, soulage les douleurs, renforce la circulation sanguine.

Psychologie : favorise la transformation personnelle, libère les blocages émotionnels, renforce la vérité et l'authenticité.

Émotion : protège des énergies négatives, favorise la guérison émotionnelle, aide à affronter les peurs et les traumatismes.

Spiritualité : facilite la méditation, favorise la connexion à la sagesse intérieure et à la guidance divine.

Ésotérisme : pierre de protection contre les énergies négatives, favorise la divination et la connexion aux plans inférieurs.

OBSIDIENNE FLOCON-DE-NEIGE

Couleur : noir, avec des taches blanches ou grises qui ressemblent à des flocons de neige.

Apparence : opaque, avec un éclat vitreux.

Origine : trouvée principalement aux États-Unis, au Mexique et en Islande.

Mots-clés : protection, purification, transformation, ancrage, équilibre.

Chakras : racine (Muladhara).

Signes astrologiques : Capricorne, Verseau.

Vertus :

Santé : favorise la détoxification, soulage les douleurs, renforce la circulation sanguine.

Psychologie : protège des énergies négatives, favorise la clarté mentale et la concentration, aide à surmonter les schémas négatifs.

Émotion : libère les peurs et les angoisses, favorise la stabilité émotionnelle et la paix intérieure.

Spiritualité : favorise l'ancrage à la terre, stimule l'énergie vitale, facilite la méditation.

Ésotérisme : pierre de protection contre les énergies négatives, favorise la transformation personnelle et la connexion à la terre.

ŒIL-DE-TIGRE

Couleur : doré à brun doré, avec des bandes chatoyantes qui rappellent l'œil d'un tigre.

Apparence : opaque, avec un éclat soyeux.

Origine : trouvée principalement en Afrique du Sud, en Australie, en Inde et aux États-Unis.

Mots-clés : protection, courage, confiance en soi, ancrage, clarté mentale.

Chakras : plexus solaire (Manipura), racine (Muladhara).

Signes astrologiques : Lion, Capricorne.

Vertus :

Santé : renforce le système immunitaire, favorise la vitalité, soulage les problèmes digestifs.

Psychologie : renforce la confiance en soi et le courage, favorise la clarté mentale et la concentration, aide à prendre des décisions.

Émotion : libère les peurs et les angoisses, favorise la stabilité émotionnelle et la paix intérieure.

Spiritualité : favorise l'ancrage à la terre, stimule l'énergie vitale.

Ésotérisme : pierre de protection contre les énergies négatives, attire la chance et la prospérité, favorise la prise de conscience.

ONYX

Couleur : noir, parfois avec des bandes blanches ou grises.

Apparence : opaque, avec un éclat vitreux.

Origine : trouvée dans le monde entier.

Mots-clés : force, protection, ancrage, maîtrise de soi, persévérance.

Chakras : racine (Muladhara).

Signes astrologiques : Capricorne, Lion.

Vertus :

Santé : renforce les os et les dents, favorise la guérison, soulage les douleurs.

Psychologie : renforce la volonté et la maîtrise de soi, favorise la concentration et la persévérance.

Émotion : libère les peurs et les angoisses, favorise la force intérieure et la stabilité émotionnelle.

Spiritualité : favorise l'ancrage à la terre, protège des énergies négatives.

Ésotérisme : pierre de protection contre les énergies négatives, favorise la prise de décisions et la mise en action.

OPALE

Couleur : variable, avec un jeu de couleurs irisées.

Apparence : translucide à opaque, avec un jeu de couleurs chatoyant appelé « opalescence ».

Origine : trouvée principalement en Australie, au Mexique, aux États-Unis et en Éthiopie.

Mots-clés : créativité, inspiration, imagination, émotions, amour.

Chakras : tous les chakras, en particulier le cœur (Anahata) et le troisième œil (Ajna).

Signes astrologiques : Balance, Poissons, Cancer.

Vertus :

Santé : renforce le système immunitaire, favorise la guérison, soulage les problèmes émotionnels.

Psychologie : stimule la créativité et l'inspiration, favorise l'imagination et l'expression de soi.

Émotion : amplifie les émotions, favorise l'amour et la compassion, aide à exprimer ses sentiments.

Spiritualité : facilite la méditation, favorise la connexion à la spiritualité et à la guidance divine.

Ésotérisme : pierre de protection contre les énergies négatives, favorise la chance et la prospérité, symbolise la créativité et l'inspiration.

PÉRIDOT

Couleur : vert olive à vert jaunâtre.

Apparence : transparent à translucide, avec un éclat vitreux.

Origine : trouvée principalement aux États-Unis, en Chine, au Pakistan et en Birmanie.

Mots-clés : abondance, protection, guérison, joie de vivre, ouverture du cœur.

Chakras : cœur (Anahata).

Signes astrologiques : Lion, Vierge.

Vertus :

Santé : renforce le système immunitaire, favorise la guérison, soulage les problèmes cardiaques.

Psychologie : attire l'abondance et la prospérité, favorise la joie de vivre et l'optimisme, renforce la confiance en soi.

Émotion : libère les blocages émotionnels, favorise la guérison émotionnelle et l'ouverture du cœur.

Spiritualité : favorise la connexion à la nature et aux énergies de la terre, stimule la croissance spirituelle.

Ésotérisme : pierre de protection contre les énergies négatives, attire la chance et l'abondance, symbolise la joie de vivre et l'ouverture du cœur.

PIERRE DE LUNE

Couleur : blanc laiteux à gris argenté, avec des reflets bleutés ou irisés.

Apparence : translucide à opaque, avec un éclat nacré ou soyeux.

Origine : trouvée principalement en Inde, à Madagascar, au Sri Lanka et en Australie.

Mots-clés : intuition, féminité, émotions, cycles lunaires, nouveaux départs.

Chakras : sacré (Svadhisthana), troisième œil (Ajna), couronne (Sahasrara).

Signes astrologiques : Cancer, Poissons.

Vertus :

Santé : régule les cycles hormonaux, favorise la fertilité, soulage les troubles émotionnels.

Psychologie : stimule l'intuition et la créativité, favorise la connexion aux émotions et à la sagesse intérieure.

Émotion : apaise les émotions, favorise la paix intérieure et la sérénité, aide à exprimer ses sentiments.

Spiritualité : facilite la méditation, favorise la connexion à la spiritualité et à la guidance divine.

Ésotérisme : pierre de protection contre les énergies négatives, favorise la chance et la prospérité, symbolise la féminité et les cycles lunaires.

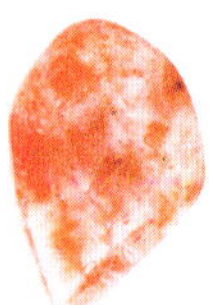

PIERRE DU SOLEIL

Couleur : orange à brun rougeâtre, avec des reflets scintillants dorés ou rouges.

Apparence : translucide à opaque, avec un éclat vitreux ou métallique.

Origine : trouvée principalement en Inde, en Norvège, aux États-Unis et au Canada.

Mots-clés : joie de vivre, vitalité, énergie, leadership, confiance en soi.

Chakras : plexus solaire (Manipura), sacré (Svadhisthana).

Signes astrologiques : Lion.

Vertus :

Santé : stimule la circulation sanguine, renforce le système immunitaire, favorise la vitalité.

Psychologie : renforce la confiance en soi et le charisme, stimule la motivation et l'enthousiasme, favorise le leadership.

Émotion : libère les blocages émotionnels, favorise la joie de vivre et l'optimisme.

Spiritualité : favorise la connexion à l'énergie solaire et à la puissance créatrice de l'Univers.

Ésotérisme : pierre de protection contre les énergies négatives, attire la chance et la prospérité, symbolise la joie de vivre et l'énergie solaire.

PIETERSITE

Couleur : bleu, or, brun, noir, avec des motifs chatoyants qui rappellent un orage.

Apparence : opaque, avec une texture fibreuse et un éclat soyeux.

Origine : trouvée principalement en Namibie et en Chine.

Mots-clés : intuition, vision, transformation, leadership, manifestation.

Chakras : troisième œil (Ajna), plexus solaire (Manipura).

Signes astrologiques : Lion, Sagittaire.

Vertus :

Santé : soulage les maux de tête, favorise la détoxification, renforce le système immunitaire.

Psychologie : stimule l'intuition et la clairvoyance, favorise la transformation personnelle, renforce la confiance en soi et le leadership.

Émotion : libère les peurs et les blocages émotionnels, favorise la paix intérieure et la sérénité.

Spiritualité : facilite la méditation, favorise la connexion aux plans supérieurs et à la guidance divine.

Ésotérisme : pierre de protection contre les énergies négatives, favorise la manifestation des désirs.

PREHNITE

Couleur : vert clair à vert jaunâtre, parfois avec des inclusions blanches ou grises.

Apparence : translucide à opaque, souvent en forme de cristaux tabulaires ou en agrégats botryoïdes.

Origine : trouvée principalement en Afrique du Sud, en Australie, aux États-Unis et en Chine.

Mots-clés : paix, connexion spirituelle, intuition, protection, guérison.

Chakras : cœur (Anahata), troisième œil (Ajna).

Signes astrologiques : Balance, Vierge.

Vertus :

Santé : renforce le système immunitaire, favorise la guérison, soulage les problèmes émotionnels.

Psychologie : apaise le mental, favorise la paix intérieure et la sérénité, stimule l'intuition et la connexion spirituelle.

Émotion : libère les peurs et les angoisses, favorise la guérison émotionnelle et l'ouverture du cœur.

Spiritualité : facilite la méditation, favorise la connexion aux plans supérieurs et la guidance spirituelle.

Ésotérisme : pierre de protection contre les énergies négatives, favorise la communication avec les guides spirituels, symbolise la paix et la connexion spirituelle.

PYRITE

Couleur : doré métallique, avec un éclat métallique.

Apparence : opaque, souvent en forme de cubes, de pyritoèdres ou d'agrégats.

Origine : trouvée dans le monde entier.

Mots-clés : abondance, prospérité, confiance en soi, protection, manifestation.

Chakras : plexus solaire (Manipura).

Signes astrologiques : Lion.

Vertus :

Santé : renforce le système immunitaire, favorise la vitalité, soulage les problèmes respiratoires.

Psychologie : attire l'abondance et la prospérité, renforce la confiance en soi et la motivation, favorise la clarté mentale.

Émotion : libère les peurs et les angoisses, favorise la joie de vivre et l'enthousiasme.

Spiritualité : favorise la connexion à l'énergie solaire et à la puissance créatrice de l'Univers.

Ésotérisme : pierre de protection contre les énergies négatives, attire la chance et l'abondance, symbolise la richesse et la prospérité.

Q

QUARTZ CLAIR

Couleur : incolore, transparent comme de l'eau pure.

Apparence : transparent, souvent avec des inclusions qui lui donnent un aspect unique.

Origine : trouvé dans le monde entier.

Mots-clés : clarté, amplification, guérison, énergie, connexion spirituelle.

Chakras : tous les chakras.

Signes astrologiques : tous les signes.

Vertus :

Santé : amplifie l'énergie des autres cristaux, favorise la guérison, renforce le système immunitaire.

Psychologie : clarifie les pensées, favorise la concentration et la clarté mentale, amplifie l'énergie positive.

Émotion : libère les blocages émotionnels, favorise la paix intérieure et l'harmonie émotionnelle.

Spiritualité : facilite la méditation, favorise la connexion à la spiritualité et à la guidance divine.

Ésotérisme : pierre de protection contre les énergies négatives, amplifie l'énergie des autres cristaux, favorise la communication avec les plans supérieurs.

QUARTZ FUMÉ

Couleur : brun clair à brun foncé, parfois avec des nuances de gris ou de noir.

Apparence : translucide à opaque, avec un éclat vitreux.

Origine : trouvée dans le monde entier.

Mots-clés : ancrage, protection, libération des peurs, clarté mentale, transformation.

Chakras : racine (Muladhara).

Signes astrologiques : Capricorne, Sagittaire.

Vertus :

Santé : favorise la détoxification, soulage les douleurs, renforce le système immunitaire.

Psychologie : libère les peurs et les angoisses, favorise la clarté mentale et la concentration, aide à prendre des décisions.

Émotion : favorise la stabilité émotionnelle et la paix intérieure, aide à gérer le stress et les émotions négatives.

Spiritualité : favorise l'ancrage à la terre, stimule l'énergie vitale, facilite la méditation.

Ésotérisme : pierre de protection contre les énergies négatives, favorise la transformation personnelle et la connexion à la terre.

QUARTZ ROSE

Couleur : rose pâle à rose foncé.

Apparence : translucide à opaque, avec un éclat vitreux.

Origine : trouvée principalement à Madagascar, au Brésil, aux États-Unis et en Afrique du Sud.

Mots-clés : amour, compassion, guérison émotionnelle, douceur, paix intérieure.

Chakras : cœur (Anahata).

Signes astrologiques : Taureau, Balance.

Vertus :

Santé : soulage les problèmes cardiaques, favorise la guérison émotionnelle, renforce le système immunitaire.

Psychologie : favorise l'amour de soi et des autres, stimule la compassion et l'empathie, apaise le mental.

Émotion : libère les blocages émotionnels, favorise la paix intérieure et l'harmonie émotionnelle, aide à guérir les blessures du cœur.

Spiritualité : favorise la connexion à l'amour universel et à la spiritualité, stimule l'ouverture du cœur.

Ésotérisme : pierre de protection contre les énergies négatives, attire l'amour et l'harmonie, symbolise l'amour inconditionnel.

QUARTZ RUTILE

Couleur : incolore à jaune pâle, avec des inclusions dorées de rutile.

Apparence : transparent à translucide, avec des aiguilles dorées de rutile qui lui donnent un aspect unique.

Origine : trouvée principalement au Brésil, à Madagascar, en Australie et aux États-Unis.

Mots-clés : amplification, énergie, clarté mentale, manifestation, croissance spirituelle.

Chakras : tous les chakras.

Signes astrologiques : tous les signes.

Vertus :

Santé : amplifie l'énergie des autres cristaux, favorise la guérison, renforce le système immunitaire.

Psychologie : clarifie les pensées, favorise la concentration et la clarté mentale, stimule la motivation et la créativité.

Émotion : libère les blocages émotionnels, favorise la joie de vivre et l'optimisme.

Spiritualité : facilite la méditation, favorise la connexion à la spiritualité et à la guidance divine.

Ésotérisme : pierre de protection contre les énergies négatives, amplifie l'énergie des autres cristaux, favorise la manifestation des désirs.

RHODONITE

Couleur : rose à rouge rosé, souvent avec des inclusions noires de manganèse.

Apparence : opaque, avec une texture lisse et un éclat vitreux.

Origine : trouvée principalement en Russie, aux États-Unis, en Australie et à Madagascar.

Mots-clés : amour de soi, pardon, guérison émotionnelle, compassion, équilibre.

Chakras : cœur (Anahata).

Signes astrologiques : Taureau, Balance.

Vertus :

Santé : soulage les problèmes cardiaques, favorise la guérison émotionnelle, renforce le système immunitaire.

Psychologie : favorise l'amour de soi et des autres, stimule le pardon et la compassion, aide à gérer le stress.

Émotion : libère les blocages émotionnels, favorise la paix intérieure et l'harmonie émotionnelle, aide à guérir les blessures du cœur.

Spiritualité : favorise la connexion à l'amour universel et à la spiritualité, stimule l'ouverture du cœur.

Ésotérisme : pierre de protection contre les énergies négatives, attire l'amour et l'harmonie, symbolise l'amour inconditionnel et la guérison émotionnelle.

RHODOCHROSITE

Couleur : rose à rouge rosé, souvent avec des bandes blanches ou grises.

Apparence : translucide à opaque, avec un éclat vitreux.

Origine : trouvée principalement en Argentine, aux États-Unis, au Pérou et en Afrique du Sud.

Mots-clés : amour de soi, compassion, guérison émotionnelle, joie de vivre, créativité.

Chakras : cœur (Anahata).

Signes astrologiques : Taureau, Balance, Lion.

Vertus :

Santé : soulage les problèmes cardiaques, favorise la guérison émotionnelle, renforce le système immunitaire.

Psychologie : favorise l'amour de soi et des autres, stimule la compassion et l'empathie, renforce la joie de vivre.

Émotion : libère les blocages émotionnels, favorise la paix intérieure et l'harmonie émotionnelle, aide à guérir les blessures du cœur.

Spiritualité : favorise la connexion à l'amour universel et à la spiritualité, stimule l'ouverture du cœur.

Ésotérisme : pierre de protection contre les énergies négatives, attire l'amour et l'harmonie, symbolise l'amour inconditionnel et la joie de vivre.

SÉLÉNITE

Couleur : blanc, transparent à translucide.

Apparence : fibreuse, souvent en forme de bâtonnets ou de cristaux aciculaires.

Origine : trouvée principalement au Maroc, au Mexique, aux États-Unis et en Australie.

Mots-clés : purification, clarté, connexion spirituelle, paix, intuition.

Chakras : couronne (Sahasrara).

Signes astrologiques: Cancer, Poissons.

Vertus :

Santé : favorise la flexibilité, soulage les douleurs, renforce le système immunitaire.

Psychologie : clarifie les pensées, favorise la paix intérieure et la sérénité, stimule l'intuition.

Émotion : libère les blocages émotionnels, favorise la guérison émotionnelle et la paix intérieure.

Spiritualité : facilite la méditation, favorise la connexion aux plans supérieurs et la guidance divine.

Ésotérisme : pierre de protection contre les énergies négatives, favorise la purification énergétique, symbolise la pureté et la lumière.

SERPENTINE

Couleur : vert, jaune, brun, noir, souvent avec des motifs qui rappellent la peau d'un serpent.

Apparence : opaque, avec une texture lisse et un éclat cireux ou soyeux.

Origine : trouvée dans le monde entier.

Mots-clés : guérison, protection, kundalini, transformation, connexion à la terre.

Chakras : tous les chakras, en particulier le cœur (Anahata) et le racine (Muladhara).

Signes astrologiques : Vierge, Balance.

Vertus :

Santé : favorise la détoxification, soulage les douleurs, renforce le système immunitaire.

Psychologie : favorise la transformation personnelle, renforce la connexion à la terre, aide à gérer le stress.

Émotion : libère les blocages émotionnels, favorise la paix intérieure et l'harmonie émotionnelle.

Spiritualité : facilite la méditation, favorise la connexion à la spiritualité et à la guidance divine, stimule l'énergie kundalini.

Ésotérisme : pierre de protection contre les énergies négatives, favorise la guérison et la transformation, symbolise la sagesse et la connaissance.

SHUNGITE

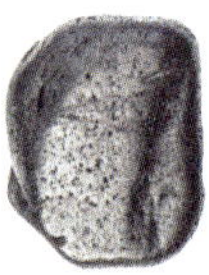

Couleur : noir, gris foncé.

Apparence : opaque, avec un éclat métallique ou mat.

Origine : trouvée principalement en Russie.

Mots-clés : protection, purification, ancrage, guérison, détoxification.

Chakras : racine (Muladhara).

Signes astrologiques : Capricorne.

Vertus :

Santé : protège des ondes électromagnétiques, favorise la détoxification, renforce le système immunitaire.

Psychologie : ancre et stabilise l'énergie, favorise la clarté mentale et la concentration, aide à gérer le stress.

Émotion : libère les peurs et les angoisses, favorise la stabilité émotionnelle et la paix intérieure.

Spiritualité : favorise la connexion à la terre, stimule l'ancrage et la stabilité.

Ésotérisme : pierre de protection contre les énergies négatives, favorise la guérison et la transformation.

SODALITE

Couleur : bleu profond, souvent avec des inclusions blanches de calcite.

Apparence : opaque, avec une texture lisse et un éclat vitreux.

Origine : trouvée principalement au Brésil, en Inde, en Namibie et aux États Unis.

Mots-clés : intuition, communication, vérité, sagesse, paix intérieure.

Chakras : gorge (Vishuddha), troisième œil (Ajna).

Signes astrologiques : Sagittaire, Verseau.

Vertus :

Santé : soulage les maux de gorge, les problèmes respiratoires, renforce le système immunitaire.

Psychologie : favorise la communication claire et authentique, stimule l'intuition et la sagesse, renforce la confiance en soi.

Émotion : libère les blocages émotionnels, favorise la paix intérieure et l'harmonie émotionnelle.

Spiritualité : facilite la méditation, favorise la connexion à la spiritualité et à la guidance divine.

Ésotérisme : pierre de protection contre les énergies négatives, favorise la communication avec les guides spirituels, symbolise la vérité et la sagesse.

STROMATOLITE

Couleur : brun, gris, noir, parfois avec des nuances de vert ou de rouge.

Apparence : opaque, avec une texture rugueuse et des couches concentriques.

Origine : trouvée dans le monde entier, notamment en Australie, au Canada, aux États-Unis et en Afrique du Sud.

Mots-clés : ancrage, évolution, transformation, sagesse ancienne, connexion à la terre.

Chakras : racine (Muladhara).

Signes astrologiques : Capricorne, Verseau.

Vertus :

Santé : renforce le système immunitaire, favorise la vitalité, soulage les douleurs articulaires.

Psychologiques : favorise la patience et la persévérance, aide à surmonter les obstacles, stimule la transformation personnelle.

Émotion : libère les peurs et les angoisses, favorise la stabilité émotionnelle et la paix intérieure.

Spiritualité : favorise la connexion à la terre, stimule l'ancrage et la stabilité, connecte à la sagesse ancienne.

Ésotérisme : pierre de protection contre les énergies négatives, favorise la croissance spirituelle et la transformation.

SUGILITE

Couleur : violet, pourpre, rose, parfois avec des inclusions noires ou grises.

Apparence : opaque, avec une texture lisse et un éclat cireux.

Origine : trouvée principalement en Afrique du Sud, au Japon et au Canada.

Mots-clés : transformation spirituelle, intuition, protection psychique, guérison émotionnelle.

Chakras : troisième œil (Ajna), couronne (Sahasrara).

Signes astrologiques : Verseau, Poissons.

Vertus :

Santé : soulage les maux de tête, favorise la guérison, renforce le système immunitaire.

Psychologie : stimule l'intuition et la clairvoyance, favorise la transformation personnelle, renforce la connexion spirituelle.

Émotion : libère les peurs et les blocages émotionnels, favorise la paix intérieure et la sérénité.

Spiritualité : facilite la méditation, favorise la connexion aux plans supérieurs et à la guidance divine.

Ésotérisme : pierre de protection contre les énergies négatives, favorise la guérison et la transformation spirituelle.

SUPER SEVEN

Couleur : mélange de couleurs, généralement violet, rouge, orange, jaune, vert, bleu et incolore.

Apparence : translucide à opaque, avec des inclusions de différents minéraux, notamment améthyste, quartz clair, quartz fumé, goethite, cacoxenite, lépidocrocite et rutile.

Origine : trouvée principalement au Brésil.

Mots-clés : guérison, transformation, connexion spirituelle, alignement des chakras, amplification.

Chakras : tous les chakras.

Signes astrologiques : tous les signes.

Vertus :

Santé : favorise la guérison holistique, renforce le système immunitaire, équilibre les énergies du corps.

Psychologie : favorise la transformation personnelle, stimule l'intuition et la sagesse, renforce la connexion à soi.

Émotion : libère les blocages émotionnels, favorise la guérison émotionnelle et la paix intérieure.

Spiritualité : facilite la méditation, favorise la connexion aux plans supérieurs et la guidance spirituelle.

Ésotérisme : pierre de protection contre les énergies négatives, amplifie l'énergie des autres cristaux, favorise l'éveil spirituel.

TOPAZE

Couleur : variable, allant du jaune au bleu, en passant par le rose, l'orange et l'incolore.

Apparence : transparente à translucide, avec un éclat vitreux.

Origine : trouvée principalement au Brésil, au Sri Lanka, en Russie et aux États-Unis.

Mots-clés : abondance, joie de vivre, créativité, confiance en soi, manifestation.

Chakras : variable selon la couleur.

Signes astrologiques : Sagittaire, Lion, Scorpion.

Vertus :

Santé : renforce le système immunitaire, favorise la digestion, soulage les problèmes respiratoires.

Psychologie : attire l'abondance et la prospérité, favorise la joie de vivre et l'optimisme, renforce la confiance en soi.

Émotion : libère les blocages émotionnels, favorise la paix intérieure et l'harmonie émotionnelle.

Spiritualité : facilite la méditation, favorise la connexion à la spiritualité et à la guidance divine.

Ésotérisme : pierre de protection contre les énergies négatives, attire la chance et l'abondance, symbolise la joie de vivre et la prospérité.

TOURMALINE

Couleur : variable, incluant le noir, le rose, le vert, le bleu, le jaune, le brun et le multicolore.

Apparence : transparente à opaque, avec un éclat vitreux.

Origine : trouvée dans le monde entier, notamment au Brésil, à Madagascar, aux États-Unis et en Afghanistan.

Mots-clés : protection, purification, guérison, énergie, transformation.

Chakras : variable selon la couleur.

Signes astrologiques : variable selon la couleur.

Vertus :

Santé : renforce le système immunitaire, favorise la détoxification, soulage les douleurs.

Psychologie : protège des énergies négatives, favorise la clarté mentale et la concentration, stimule la créativité.

Émotion : libère les blocages émotionnels, favorise la paix intérieure et l'harmonie émotionnelle.

Spiritualité : facilite la méditation, favorise la connexion à la spiritualité et à la guidance divine.

Ésotérisme : pierre de protection contre les énergies négatives, amplifie l'énergie des autres cristaux.

TOURMALINE NOIRE

Couleur : noir opaque.

Apparence : opaque, souvent en forme de cristaux prismatiques allongés.

Origine : trouvée dans le monde entier.

Mots-clés : protection, ancrage, purification, transformation, force.

Chakras : racine (Muladhara).

Signes astrologiques : Capricorne, Scorpion.

Vertus :

Santé : favorise la détoxification, soulage les douleurs, renforce le système immunitaire.

Psychologie : protège des énergies négatives, favorise la clarté mentale et la concentration, renforce la confiance en soi.

Émotion : libère les peurs et les angoisses, favorise la stabilité émotionnelle et la paix intérieure.

Spiritualité : favorise l'ancrage à la terre, stimule l'énergie vitale, facilite la méditation.

Ésotérisme : pierre de protection contre les énergies négatives, favorise la transformation personnelle et la connexion à la terre.

TURQUOISE

Couleur : bleu turquoise à vert turquoise, souvent avec des veines noires ou brunes.

Apparence : opaque, avec une texture lisse et un éclat cireux.

Origine : trouvée principalement aux États-Unis, au Mexique, en Iran et en Chine.

Mots-clés : protection, guérison, communication, amitié, chance.

Chakras : gorge (Vishuddha).

Signes astrologiques : Sagittaire, Poissons.

Vertus :

Santé : renforce le système immunitaire, favorise la guérison, soulage les problèmes respiratoires.

Psychologie : favorise la communication claire et authentique, renforce la confiance en soi et l'amitié.

Émotion : libère les blocages émotionnels, favorise la paix intérieure et l'harmonie émotionnelle.

Spiritualité : favorise la connexion à la sagesse intérieure et à la guidance divine.

Ésotérisme : pierre de protection contre les énergies négatives, attire la chance et la prospérité, symbolise l'amitié et la protection.

TULITE

Couleur : rose à rouge rosé, souvent avec des inclusions vertes de chrome.

Apparence : opaque, avec une texture lisse et un éclat vitreux.

Origine : trouvée principalement en Norvège, au Groenland et en Russie.

Mots-clés : courage, force intérieure, vitalité, passion, transformation.

Chakras : cœur (Anahata), racine (Muladhara).

Signes astrologiques : Bélier, Scorpion.

Vertus :

Santé : renforce le système immunitaire, favorise la vitalité, stimule la circulation sanguine.

Psychologie : renforce le courage et la confiance en soi, stimule la passion et la motivation, favorise la transformation personnelle.

Émotion : libère les peurs et les angoisses, favorise la force intérieure et la stabilité émotionnelle.

Spiritualité : favorise l'ancrage à la terre, stimule l'énergie vitale.

Ésotérisme : pierre de protection contre les énergies négatives, attire la chance et la prospérité, symbolise la force intérieure et la transformation.

UNAKITE

Couleur : vert, rose, orange, souvent avec des motifs tachetés.

Apparence : opaque, avec une texture granulaire et un éclat vitreux.

Origine : trouvée principalement aux États-Unis, en Afrique du Sud et en Chine.

Mots-clés : guérison émotionnelle, équilibre, vision, croissance, ancrage.

Chakras : cœur (Anahata), racine (Muladhara).

Signes astrologiques : Balance, Scorpion.

Vertus :

Santé : favorise la guérison émotionnelle, renforce le système immunitaire, soulage les problèmes cardiaques.

Psychologie : favorise l'équilibre émotionnel et la paix intérieure, stimule la vision et la croissance personnelle.

Émotion : libère les blocages émotionnels, favorise la guérison émotionnelle et l'ouverture du cœur.

Spiritualité : favorise la connexion à la nature et aux énergies de la terre, stimule la croissance spirituelle.

Ésotérisme : pierre de protection contre les énergies négatives, favorise la guérison émotionnelle et la transformation.

ZIRCON

Couleur : incolore, bleu, vert, rouge, brun, jaune.

Apparence : transparent à opaque, avec un éclat adamantin.

Origine : trouvé dans le monde entier.

Mots-clés : protection, purification, clarté mentale, spiritualité, ancrage.

Chakras : tous les chakras.

Signes astrologiques : Capricorne, Sagittaire.

Vertus :

Santé : renforce le système immunitaire, favorise la détoxification, soulage les douleurs.

Psychologie : favorise la clarté mentale et la concentration, stimule la sagesse et la spiritualité.

Émotion : libère les peurs et les angoisses, favorise la paix intérieure et la stabilité émotionnelle.

Spiritualité : facilite la méditation, favorise la connexion aux plans supérieurs et la guidance divine.

Ésotérisme : pierre de protection contre les énergies négatives, favorise la purification énergétique, symbolise la sagesse et la spiritualité.

Les pierres que je dois absolument acquérir

Ta collection de pierres n'attend que de s'agrandir ! Quelles pierres te font envie ? Celles que tu rêves d'ajouter à ta collection ? Note les pierres que tu aimerais acquérir et les raisons de ton choix.

Pierre : .... Pourquoi : ....

Pierre : .... Pourquoi : ....

Pierre : .... Pourquoi : ....

Pierre : .... Pourquoi : ....

Pierre : .... Pourquoi : ....

Pierre : .... Pourquoi : ....

Pierre : .... Pourquoi : ....

Pierre : .... Pourquoi : ....

Pierre : .... Pourquoi : ....

PARTIE 4

J'expérimente

Tu as découvert la magie des pierres,
tu as appris à les utiliser,
tu as ressenti leurs bienfaits...

Cette quatrième partie est ton espace de création, un carnet de bord personnalisé où tu pourras consigner tes explorations lithothérapeutiques pour toi et pour ton entourage.
Tu y trouveras :

Des pages de soins guidés
Des modèles de fiches pratiques pour t'aider à structurer tes séances de lithothérapie ;

Des pages vierges pour tes propres créations
Laisse libre cours à ton intuition et crée tes propres protocoles de soins, adaptés à tes besoins spécifiques et à ceux des personnes que tu accompagnes. Note les pierres qui te correspondent, les synergies qui te font vibrer, les rituels qui te touchent... ;

Un espace d'introspection et d'observation
Note tes ressentis, tes intuitions, tes observations et tes feedbacks. Ce carnet deviendra un précieux outil pour affiner ta pratique, personnaliser tes soins et approfondir ta connexion aux pierres.

Comment utiliser les fiches de soins ?

PERSONNALISE LA FICHE

Commence par remplir les informations de la personne : nom, âge, signe astrologique, besoins spécifiques… Cela te permettra de personnaliser le soin et de choisir les pierres les plus adaptées.

LAISSE-TOI GUIDER PAR TON INTUITION

Choisis les pierres qui te semblent les plus appropriées pour le soin et pour la personne. N'hésite pas à faire confiance à ton ressenti et à adapter les suggestions de la fiche.

CRÉE UN ESPACE DE DÉTENTE

Installe-toi dans un endroit calme et confortable, où tu ne seras pas dérangé·e. Place les pierres comme indiqué sur la fiche et guide la personne dans la respiration et la visualisation.

SOIS ATTENTIF.VE ET AJUSTE

Sois attentif·ve aux réactions de la personne et à tes propres ressentis pendant le soin. Note tes observations et les résultats obtenus dans l'espace dédié sur la fiche. Cela te permettra d'affiner ta pratique et d'adapter les protocoles au fil du temps.

OBSERVE ET NOTE LES RÉSULTATS

Un espace dédié pour noter tes observations, les réactions de la personne et les résultats obtenus. Cela te permettra d'affiner ta pratique et de personnaliser les soins au fil du temps.

COMMENT REMPLIR UNE FICHE DE SOIN ?

Un petit exemple d'une fiche scrupuleusement et gentiment remplie par l'une de mes followers Instagram durant et après un soin avec l'une de ses amies !

SOIN POUR LE CŒUR ET L'ESPRIT

Ce soin est : ○ Pour moi ☑ Pour une autre personne

Prénom : Léa

Signe astrologique : Cancer

Date de naissance : 8 juillet

Date du jour :

Âge : 29 ans

Lunaison : Décroissante

- **Objectif :** créer un espace de calme et de sérénité pour apaiser le mental et les émotions
- **Pierres recommandées :** améthyste, quartz rose

DÉTAIL DU SOIN

Motif : crises d'angoisse

Contexte : Léa est stressée par son boulot et à cause d'une présentation.

Intention : apaiser le stress / réduire la nervosité / productivité.

Pierres utilisées : améthyste et howlite

Placement de la pierre : allongée

Temps de pose : 15 min + 5 min

Réaction avant, pendant et après le soin :

Léa est très tendue avant le soin, c'est sa première séance de litho. Dur pour elle de se détendre. On prolonge les 15 minutes afin qu'elle se relaxe plus (+ 5 minutes). Je change la musique durant le soin. À la fin, Léa dit que ses tensions musculaires sont réduites. Plus de clarté dans sa tête.

Intuitions :

Sensation qu'elle est trop perfectionniste.

Autres conseils à suivre :

exercices de respirations profondes plusieurs fois dans la journée.
améthyste à mettre sous son oreiller.

RÉSULTATS

Trois jours après le soin, sa boule d'anxiété a fortement diminué. Moins de crises d'angoisse. Elle se sent plus concentrée. C'est top !
Léa me réclame un autre soin :)

Soins généraux

SOIN POUR HARMONISER LES CHAKRAS

Ce soin est : ○ **Pour moi** ○ **Pour une autre personne**

Prénom : ....

Signe astrologique : ....

Date de naissance : ....

Date du jour : ....

Âge : ....

Lunaison : ....

- **Objectif :** rétablir l'équilibre énergétique des chakras et favoriser une circulation harmonieuse de l'énergie vitale.
- **Pierres recommandées :** cristal de roche ou améthyste, lapis-lazuli, quartz rose, citrine, cornaline, hématite.

DÉTAIL DU SOIN

Motif : ....

Contexte : ....

....

Intention : ....

Pierres utilisées : ....

Placement de la pierre : ....

Temps de pose : ....

RÉSULTATS

....

....

....

....

....

....

....

....

Réaction avant, pendant et après le soin : ....

....

....

....

....

....

Intuitions : ....

....

Autres conseils à suivre ....

....

....

....

SOIN POUR LE CŒUR ET L'ESPRIT

Ce soin est : ◯ Pour moi ◯ Pour une autre personne

Prénom :

Signe astrologique :

Date de naissance :

Date du jour :

Âge :

Lunaison :

- **Objectif :** créer un espace de calme et de sérénité pour apaiser le mental et les émotions
- **Pierres recommandées :** améthyste, quartz rose

DÉTAIL DU SOIN

Motif :

Contexte :

Intention :

Pierres utilisées :

Placement de la pierre :

Temps de pose :

RÉSULTATS

Réaction avant, pendant et après le soin :

Intuitions :

Autres conseils à suivre

NOTES

Soins émotionnels

SOIN D'ANCRAGE

Ce soin est : ○ **Pour moi** ○ **Pour une autre personne**

Prénom : .... Signe astrologique : ....

Date de naissance : .... Date du jour : ....

Âge : .... Lunaison : ....

✦ **Objectif :** renforcer l'ancrage à la terre, retrouver la stabilité et la clarté mentale.

✦ **Pierres recommandées :** jaspe rouge, tourmaline noire.

DÉTAIL DU SOIN

Motif : ....

Contexte : ....

Intention : ....

Pierres utilisées : ....

Placement de la pierre : ....

Temps de pose : ....

RÉSULTATS

....

Réaction avant, pendant et après le soin : ....

Intuitions : ....

Autres conseils à suivre : ....

SOIN POUR APAISER L'ANXIÉTÉ

Ce soin est : ○ Pour moi ○ Pour une autre personne

Prénom :

Signe astrologique :

Date de naissance :

Date du jour :

Âge :

Lunaison :

- **Objectif :** calmer le mental, apaiser les tensions et retrouver un état de paix intérieure.
- **Pierres recommandées :** améthyste, howlite.

DÉTAIL DU SOIN

Motif :

Contexte :

Intention :

Pierres utilisées :

Placement de la pierre :

Temps de pose :

RÉSULTATS

Réaction avant, pendant et après le soin :

Intuitions :

Autres conseils à suivre :

SOIN POUR SOULAGER LE BURN-OUT

Ce soin est : ○ **Pour moi** ○ **Pour une autre personne**

Prénom :

Signe astrologique :

Date de naissance :

Date du jour :

Âge :

Lunaison :

- **Objectif :** apaiser le stress, favoriser la guérison émotionnelle et retrouver un équilibre intérieur.
- **Pierres recommandées :** rhodonite, quartz rose.

DÉTAIL DU SOIN

Motif :

Contexte :

Intention :

Pierres utilisées :

Placement de la pierre :

Temps de pose :

RÉSULTATS

Réaction avant, pendant et après le soin :

Intuitions :

Autres conseils à suivre :

SOIN POUR CULTIVER LA CONFIANCE EN SOI

Ce soin est : ◯ Pour moi ◯ Pour une autre personne

Prénom :

Signe astrologique :

Date de naissance :

Date du jour :

Âge :

Lunaison :

✦ **Objectif :** renforcer l'amour de soi, l'estime de soi et la confiance en ses capacités.

✦ **Pierres recommandées :** quartz rose, citrine.

DÉTAIL DU SOIN

Motif :

Contexte :

Intention :

Pierres utilisées :

Placement de la pierre :

Temps de pose :

RÉSULTATS

Réaction avant, pendant et après le soin :

Intuitions :

Autres conseils à suivre :

SOIN POUR ATTIRER L'ABONDANCE

Ce soin est : ◯ **Pour moi** ◯ **Pour une autre personne**

Prénom :

Signe astrologique :

Date de naissance :

Date du jour :

Âge :

Lunaison :

- **Objectif :** attirer l'abondance et la prospérité dans tous les domaines de la vie.
- **Pierres recommandées :** citrine, pyrite.

DÉTAIL DU SOIN

Motif :

Contexte :

Intention :

Pierres utilisées :

Placement de la pierre :

Temps de pose :

RÉSULTATS

Réaction avant, pendant et après le soin :

Intuitions :

Autres conseils à suivre :

SOIN POUR APAISER LA COLÈRE

Ce soin est : ◯ **Pour moi** ◯ **Pour une autre personne**

Prénom : ....

Signe astrologique : ....

Date de naissance : ....

Date du jour : ....

Âge : ....

Lunaison : ....

- **Objectif :** apaiser la colère, libérer les tensions et retrouver un état de calme et de sérénité.
- **Pierres recommandées :** améthyste, rhodonite.

DÉTAIL DU SOIN

Motif : ....

Contexte : ....

Intention : ....

Pierres utilisées : ....

Placement de la pierre : ....

Temps de pose : ....

RÉSULTATS

Réaction avant, pendant et après le soin : ....

Intuitions : ....

Autres conseils à suivre : ....

SOIN POUR S'AFFIRMER ET RAYONNER

Ce soin est : ○ **Pour moi** ○ **Pour une autre personne**

Prénom :

Signe astrologique :

Date de naissance :

Date du jour :

Âge :

Lunaison :

- **Objectif :** libérer la voix, renforcer la confiance en soi et oser s'affirmer.
- **Pierres recommandées :** lapis-lazuli, cornaline.

DÉTAIL DU SOIN

Motif :

Contexte :

Intention :

Pierres utilisées :

Placement de la pierre :

Temps de pose :

RÉSULTATS

Réaction avant, pendant et après le soin :

Intuitions :

Autres conseils à suivre :

SOIN POUR LÂCHER PRISE

Ce soin est : ◯ **Pour moi** ◯ **Pour une autre personne**

Prénom :

Signe astrologique :

Date de naissance :

Date du jour :

Âge :

Lunaison :

- **Objectif :** se libérer du contrôle, accueillir le détachement et retrouver la sérénité.
- **Pierres recommandées :** howlite, améthyste.

DÉTAIL DU SOIN

Motif :

Contexte :

Intention :

Pierres utilisées :

Placement de la pierre :

Temps de pose :

RÉSULTATS

Réaction avant, pendant et après le soin :

Intuitions :

Autres conseils à suivre :

SOIN POUR SE CONNECTER À SON ENFANT INTÉRIEUR

Ce soin est : ○ **Pour moi** ○ **Pour une autre personne**

Prénom : .... Signe astrologique : ....

Date de naissance : .... Date du jour : ....

Âge : .... Lunaison : ....

✦ **Objectif :** guérir les blessures de l'enfant intérieur, retrouver la joie et la spontanéité.

✦ **Pierres recommandées :** agate du Botswana, quartz rose.

DÉTAIL DU SOIN

Motif :

Contexte :

Intention :

Pierres utilisées :

Placement de la pierre :

Temps de pose :

RÉSULTATS

Réaction avant, pendant et après le soin :

Intuitions :

Autres conseils à suivre :

SOIN POUR TRANSFORMER SON « CRITIQUE » INTÉRIEUR

Ce soin est : ◯ Pour moi ◯ Pour une autre personne

Prénom :

Signe astrologique :

Date de naissance :

Date du jour :

Âge :

Lunaison :

- **Objectif :** transformer le dialogue intérieur négatif en un discours positif et bienveillant.
- **Pierres recommandées :** quartz rose, améthyste.

DÉTAIL DU SOIN

Motif :

Contexte :

Intention :

Pierres utilisées :

Placement de la pierre :

Temps de pose :

RÉSULTATS

Réaction avant, pendant et après le soin :

Intuitions :

Autres conseils à suivre :

SOIN POUR AMÉLIORER LA COMMUNICATION DANS SES RELATIONS

Ce soin est : ◯ Pour moi ◯ Pour une autre personne

Prénom :

Signe astrologique :

Date de naissance :

Date du jour :

Âge :

Lunaison :

- **Objectif :** améliorer la communication, l'écoute et l'empathie dans les relations.
- **Pierres recommandées :** lapis-lazuli, aigue-marine.

DÉTAIL DU SOIN

Motif :

Contexte :

Intention :

Pierres utilisées :

Placement de la pierre :

Temps de pose :

RÉSULTATS

Réaction avant, pendant et après le soin :

Intuitions :

Autres conseils à suivre :

SOIN POUR CULTIVER LE PARDON

Ce soin est : ○ Pour moi ○ Pour une autre personne

Prénom : .... Signe astrologique : ....

Date de naissance : .... Date du jour : ....

Âge : .... Lunaison : ....

✦ **Objectif :** libérer les rancœurs, guérir les blessures du passé et s'ouvrir au pardon.

✦ **Pierres recommandées :** cristal de roche, améthyste.

DÉTAIL DU SOIN

Motif :

Contexte :

Intention :

Pierres utilisées :

Placement de la pierre :

Temps de pose :

RÉSULTATS

Réaction avant, pendant et après le soin :

Intuitions :

Autres conseils à suivre :

SOIN POUR DÉVELOPPER SON INTUITION ET SA CONNEXION SPIRITUELLE

Ce soin est : ○ Pour moi ○ Pour une autre personne

Prénom :

Signe astrologique :

Date de naissance :

Date du jour :

Âge :

Lunaison :

- **Objectif :** développer l'intuition, la clarté mentale et la connexion à sa sagesse intérieure.
- **Pierres recommandées :** pierre de Lune, améthyste.

DÉTAIL DU SOIN

Motif :

Contexte :

Intention :

Pierres utilisées :

Placement de la pierre :

Temps de pose :

RÉSULTATS

Réaction avant, pendant et après le soin :

Intuitions :

Autres conseils à suivre :

SOIN POUR ACCEPTER SON HYPERSENSIBILITÉ

Ce soin est : ◯ **Pour moi** ◯ **Pour une autre personne**

Prénom : .... Signe astrologique : ....

Date de naissance : .... Date du jour : ....

Âge : .... Lunaison : ....

- **Objectif :** accepter son hypersensibilité, se protéger des énergies négatives et retrouver un équilibre émotionnel.
- **Pierres recommandées :** labradorite, améthyste.

DÉTAIL DU SOIN

Motif : ....

....

Contexte : ....

Intention : ....

Pierres utilisées : ....

Placement de la pierre : ....

Temps de pose : ....

RÉSULTATS

....

....

....

....

....

....

....

....

....

Réaction avant, pendant et après le soin : ....

....

....

....

....

....

Intuitions : ....

....

....

Autres conseils à suivre : ....

....

....

....

SOIN POUR SE PROTÉGER DES ÉNERGIES NÉGATIVES

Ce soin est : ○ **Pour moi** ○ **Pour une autre personne**

Prénom :

Signe astrologique :

Date de naissance :

Date du jour :

Âge :

Lunaison :

- **Objectif :** purifier l'aura, se protéger des énergies négatives et renforcer les défenses énergétiques.
- **Pierres recommandées :** tourmaline noire, obsidienne noire.

DÉTAIL DU SOIN

Motif :

Contexte :

Intention :

Pierres utilisées :

Placement de la pierre :

Temps de pose :

RÉSULTATS

Réaction avant, pendant et après le soin :

Intuitions :

Autres conseils à suivre :

Soins physiques

SOIN APAISANT POUR LES MAUX DE TÊTE

Ce soin est : ○ Pour moi ○ Pour une autre personne

Prénom : .... Signe astrologique : ....

Date de naissance : .... Date du jour : ....

Âge : .... Lunaison : ....

- **Objectif :** soulager les maux de tête et les tensions crâniennes.
- **Pierres recommandées :** améthyste, lapis-lazuli.

DÉTAIL DU SOIN

Motif : ....

Contexte : ....

Intention : ....

Pierres utilisées : ....

Placement de la pierre : ....

Temps de pose : ....

RÉSULTATS

....

Réaction avant, pendant et après le soin : ....

Intuitions : ....

Autres conseils à suivre : ....

SOIN APAISANT POUR LE STRESS

Ce soin est : ◯ Pour moi ◯ Pour une autre personne

Prénom :

Signe astrologique :

Date de naissance :

Date du jour :

Âge :

Lunaison :

- **Objectif :** libérer les tensions, calmer le mental et retrouver un état de paix profonde.
- **Pierres recommandées :** améthyste, howlite.

DÉTAIL DU SOIN

Motif :

Contexte :

Intention :

Pierres utilisées :

Placement de la pierre :

Temps de pose :

RÉSULTATS

Réaction avant, pendant et après le soin :

Intuitions :

Autres conseils à suivre :

SOIN REVITALISANT POUR CHASSER LA FATIGUE

Ce soin est : ○ **Pour moi** ○ **Pour une autre personne**

Prénom :

Signe astrologique :

Date de naissance :

Date du jour :

Âge :

Lunaison :

- **Objectif :** stimuler l'énergie vitale, chasser la fatigue et retrouver un état de dynamisme.
- **Pierres recommandées :** cornaline, cristal de roche.

DÉTAIL DU SOIN

Motif :

Contexte :

Intention :

Pierres utilisées :

Placement de la pierre :

Temps de pose :

RÉSULTATS

Réaction avant, pendant et après le soin :

Intuitions :

Autres conseils à suivre :

SOIN POUR APAISER LES FRINGALES

Ce soin est : ◯ Pour moi ◯ Pour une autre personne

Prénom :

Signe astrologique :

Date de naissance :

Date du jour :

Âge :

Lunaison :

✦ **Objectif :** apaiser les envies excessives de nourriture et retrouver un équilibre alimentaire.

✦ **Pierres recommandées :** apatite, quartz rose

DÉTAIL DU SOIN

Motif :

Contexte :

Intention :

Pierres utilisées :

Placement de la pierre :

Temps de pose :

RÉSULTATS

Réaction avant, pendant et après le soin :

Intuitions :

Autres conseils à suivre :

SOIN POUR RÉVEILLER L'APPÉTIT

Ce soin est : ○ **Pour moi** ○ **Pour une autre personne**

Prénom :

Signe astrologique :

Date de naissance :

Date du jour :

Âge :

Lunaison :

- **Objectif :** stimuler l'appétit et retrouver une relation harmonieuse avec la nourriture.
- **Pierres recommandées :** citrine, aventurine verte.

DÉTAIL DU SOIN

Motif :

Contexte :

Intention :

Pierres utilisées :

Placement de la pierre :

Temps de pose :

RÉSULTATS

Réaction avant, pendant et après le soin :

Intuitions :

Autres conseils à suivre :

SOIN POUR ACCOMPAGNER LA PRÉMÉNOPAUSE

Ce soin est : ◯ **Pour moi** ◯ **Pour une autre personne**

Prénom :

Signe astrologique :

Date de naissance :

Date du jour :

Âge :

Lunaison :

✦ **Objectif :** apaiser les symptômes de la préménopause et harmoniser l'équilibre hormonal.

✦ **Pierres recommandées :** pierre de Lune, rhodonite.

DÉTAIL DU SOIN

Motif :

Contexte :

Intention :

Pierres utilisées :

Placement de la pierre :

Temps de pose :

RÉSULTATS

Réaction avant, pendant et après le soin :

Intuitions :

Autres conseils à suivre :

SOIN POUR ACCOMPAGNER UN SOMMEIL PAISIBLE

Ce soin est : ○ Pour moi ○ Pour une autre personne

Prénom : ....

Signe astrologique : ....

Date de naissance : ....

Date du jour : ....

Âge : ....

Lunaison : ....

- **Objectif :** favoriser l'endormissement et un sommeil réparateur.
- **Pierres recommandées :** améthyste, howlite.

DÉTAIL DU SOIN

Motif : ....

Contexte : ....

Intention : ....

Pierres utilisées : ....

Placement de la pierre : ....

Temps de pose : ....

RÉSULTATS

Réaction avant, pendant et après le soin : ....

Intuitions : ....

Autres conseils à suivre : ....

SOIN POUR SOULAGER LES DOULEURS ARTICULAIRES

Ce soin est : ◯ **Pour moi** ◯ **Pour une autre personne**

Prénom :

Signe astrologique :

Date de naissance :

Date du jour :

Âge :

Lunaison :

- **Objectif :** apaiser les douleurs articulaires, détendre les muscles et retrouver la fluidité du mouvement.
- **Pierres recommandées :** bois fossile, hématite.

DÉTAIL DU SOIN

Motif :

Contexte :

Intention :

Pierres utilisées :

Placement de la pierre :

Temps de pose :

RÉSULTATS

Réaction avant, pendant et après le soin :

Intuitions :

Autres conseils à suivre :

SOIN POUR FAVORISER LA FERTILITÉ

Ce soin est : ◯ **Pour moi** ◯ **Pour une autre personne**

Prénom :

Signe astrologique :

Date de naissance :

Date du jour :

Âge :

Lunaison :

- **Objectif :** harmoniser les énergies féminines, soutenir la fertilité et favoriser la conception.
- **Pierres recommandées :** pierre de Lune, cornaline.

DÉTAIL DU SOIN

Motif :

Contexte :

Intention :

Pierres utilisées :

Placement de la pierre :

Temps de pose :

RÉSULTATS

Réaction avant, pendant et après le soin :

Intuitions :

Autres conseils à suivre :

SOIN POUR APAISER LES MAUX DE VENTRE

Ce soin est : ◯ Pour moi ◯ Pour une autre personne

Prénom :

Signe astrologique :

Date de naissance :

Date du jour :

Âge :

Lunaison :

- **Objectif :** soulager les douleurs abdominales et favoriser la détente du ventre.
- **Pierres recommandées :** aventurine verte, calcédoine bleue.

DÉTAIL DU SOIN

Motif :

Contexte :

Intention :

Pierres utilisées :

Placement de la pierre :

Temps de pose :

RÉSULTATS

Réaction avant, pendant et après le soin :

Intuitions :

Autres conseils à suivre :

SOIN POUR UNE DIGESTION HARMONIEUSE

Ce soin est : ○ **Pour moi** ○ **Pour une autre personne**

Prénom :

Signe astrologique :

Date de naissance :

Date du jour :

Âge :

Lunaison :

- **Objectif :** stimuler la digestion, apaiser les ballonnements et retrouver un ventre léger.
- **Pierres recommandées :** citrine, jaspe rouge.

DÉTAIL DU SOIN

Motif :

Contexte :

Intention :

Pierres utilisées :

Placement de la pierre :

Temps de pose :

RÉSULTATS

Réaction avant, pendant et après le soin :

Intuitions :

Autres conseils à suivre :

SOIN POUR FORTIFIER LES CHEVEUX ET STIMULER LEUR CROISSANCE

Ce soin est : ○ **Pour moi** ○ **Pour une autre personne**

Prénom :
Signe astrologique :
Date de naissance :
Date du jour :
Âge :
Lunaison :

- **Objectif :** fortifier les cheveux, stimuler leur croissance et retrouver une chevelure saine et éclatante.
- **Pierres recommandées :** obsidienne noire, quartz fumé.

DÉTAIL DU SOIN

Motif :

Contexte :

Intention :

Pierres utilisées :

Plaçement de la pierre :

Temps de pose :

RÉSULTATS

Réaction avant, pendant et après le soin :

Intuitions :

Autres conseils à suivre :

SOIN POUR ACCOMPAGNER LA PERTE DE POIDS

Ce soin est : ◯ **Pour moi** ◯ **Pour une autre personne**

Prénom : .... Signe astrologique : ....

Date de naissance : .... Date du jour : ....

Âge : .... Lunaison : ....

- **Objectif :** soutenir la perte de poids, favoriser l'équilibre alimentaire et retrouver une image corporelle positive.
- **Pierres recommandées :** apatite, amazonite.

DÉTAIL DU SOIN

Motif : ....

Contexte : ....

Intention : ....

Pierres utilisées : ....

Placement de la pierre : ....

Temps de pose : ....

RÉSULTATS

....

Réaction avant, pendant et après le soin : ....

Intuitions : ....

Autres conseils à suivre : ....

SOIN POUR APAISER LES MAUX DE GORGE

Ce soin est : ◯ Pour moi ◯ Pour une autre personne

Prénom :

Signe astrologique :

Date de naissance :

Date du jour :

Âge :

Lunaison :

- **Objectif :** soulager les maux de gorge, adoucir la voix et favoriser la communication.
- **Pierres recommandées :** calcédoine bleue, aigue-marine.

DÉTAIL DU SOIN

Motif :

Contexte :

Intention :

Pierres utilisées :

Placement de la pierre :

Temps de pose :

RÉSULTATS

Réaction avant, pendant et après le soin :

Intuitions :

Autres conseils à suivre :

SOIN POUR ACCOMPAGNER L'ARRÊT DU TABAC

Ce soin est : ○ **Pour moi** ○ **Pour une autre personne**

Prénom :

Signe astrologique :

Date de naissance :

Date du jour :

Âge :

Lunaison :

- **Objectif :** soutenir l'arrêt du tabac, purifier le corps et l'esprit et renforcer la volonté.
- **Pierres recommandées :** améthyste, quartz fumé.

DÉTAIL DU SOIN

Motif :

Contexte :

Intention :

Pierres utilisées :

Placement de la pierre :

Temps de pose :

RÉSULTATS

Réaction avant, pendant et après le soin :

Intuitions :

Autres conseils à suivre :

Soins libres

SOIN LIBRE

Ce soin est : ○ Pour moi ○ Pour une autre personne

Prénom :

Signe astrologique :

Date de naissance :

Date du jour :

Âge :

Lunaison :

✦ **Objectif :**

DÉTAIL DU SOIN

Motif :

Contexte :

Intention :

Pierres utilisées :

Placement de la pierre :

Temps de pose :

RÉSULTATS

Réaction avant, pendant et après le soin :

Intuitions :

Autres conseils à suivre :

SOIN LIBRE

Ce soin est : ◯ **Pour moi** ◯ **Pour une autre personne**

Prénom :

Signe astrologique :

Date de naissance :

Date du jour :

Âge :

Lunaison :

Objectif :

DÉTAIL DU SOIN

Motif :

Contexte :

Intention :

Pierres utilisées :

Placement de la pierre :

Temps de pose :

RÉSULTATS

Réaction avant, pendant et après le soin :

Intuitions :

Autres conseils à suivre :

SOIN LIBRE

Ce soin est : ◯ Pour moi ◯ Pour une autre personne

Prénom :

Signe astrologique :

Date de naissance :

Date du jour :

Âge :

Lunaison :

✦ **Objectif :**

DÉTAIL DU SOIN

Motif :

Contexte :

Intention :

Pierres utilisées :

Placement de la pierre :

Temps de pose :

RÉSULTATS

Réaction avant, pendant et après le soin :

Intuitions :

Autres conseils à suivre :

SOIN LIBRE

Ce soin est : ◯ Pour moi ◯ Pour une autre personne

Prénom :

Signe astrologique :

Date de naissance :

Date du jour :

Âge :

Lunaison :

Objectif :

DÉTAIL DU SOIN

Motif :

Contexte :

Intention :

Pierres utilisées :

Placement de la pierre :

Temps de pose :

RÉSULTATS

Réaction avant, pendant et après le soin :

Intuitions :

Autres conseils à suivre :

SOIN LIBRE

Ce soin est : ◯ **Pour moi** ◯ **Pour une autre personne**

Prénom : ....

Signe astrologique : ....

Date de naissance : ....

Date du jour : ....

Âge : ....

Lunaison : ....

✦ **Objectif :** ....

....

DÉTAIL DU SOIN

Motif : ....

....

Contexte : ....

Intention : ....

Pierres utilisées : ....

Placement de la pierre : ....

Temps de pose : ....

RÉSULTATS

....

....

....

....

....

....

....

....

....

Réaction avant, pendant et après le soin : ....

....

....

....

....

....

....

Intuitions : ....

....

Autres conseils à suivre : ....

....

....

....

SOIN LIBRE

Ce soin est : ◯ **Pour moi** ◯ **Pour une autre personne**

Prénom :

Signe astrologique :

Date de naissance :

Date du jour :

Âge :

Lunaison :

✦ **Objectif :**

DÉTAIL DU SOIN

Motif :

Contexte :

Intention :

Pierres utilisées :

Placement de la pierre :

Temps de pose :

RÉSULTATS

Réaction avant, pendant et après le soin :

Intuitions :

Autres conseils à suivre :

SOIN LIBRE

Ce soin est : ◯ Pour moi ◯ Pour une autre personne

Prénom :

Signe astrologique :

Date de naissance :

Date du jour :

Âge :

Lunaison :

Objectif :

DÉTAIL DU SOIN

Motif :

Contexte :

Intention :

Pierres utilisées :

Placement de la pierre :

Temps de pose :

RÉSULTATS

Réaction avant, pendant et après le soin :

Intuitions :

Autres conseils à suivre :

Rituels

Rituel de Lune

Nouvelle lune : créer et semer

Date : ....

Heure : ....

Intention principale : ....

Pierres utilisées : ....

ÉTAPES DU RITUEL

- Trouve un endroit calme et confortable.
- Allume une bougie et crée une ambiance sacrée.
- Écris tes intentions et tes désirs sur un papier.
- Brûle le papier en visualisant tes intentions qui se manifestent.
- Porte une pierre d'abondance, comme la citrine, pour attirer la réussite.

RESSENTIS ET RÉSULTATS

Rituel de Lune

Pleine lune : libérer et célébrer

Date :

Heure :

Intention principale :

Pierres utilisées :

ÉTAPES DU RITUEL

- Sors et connecte-toi à la lumière de la pleine lune.
- Porte des cristaux de purification, comme la sélénite ou le cristal de roche.
- Réfléchis à ce que tu souhaites libérer de ta vie.
- Écris ces aspects sur un papier et brûle-le.
- Prends un bain relaxant avec des pétales de rose et des huiles essentielles.

RESSENTIS ET RÉSULTATS

Rituel de Lune

Phases intermédiaires : ajuster et intégrer

Date :

Heure :

Pierres utilisées :

Intention principale :

ÉTAPES DU RITUEL

- Crée un espace sacré et utilise des cristaux comme la pierre de Lune pour l'introspection.
- Réfléchis à tes progrès depuis la nouvelle lune et ajuste tes intentions si nécessaire.
- Médite et note tes réflexions dans un journal.

RESSENTIS ET RÉSULTATS

Rituel personnalisé

Crée tes propres rituels magiques !
Décris les étapes de tes rituels avec des pierres et d'autres outils spirituels. Quelles sont tes intentions ? Quels effets ressens-tu ? Partage tes pratiques sacrées et tes moments de connexion.

Date : ....

Heure : ....

Intention principale : ....

....

Pierres utilisées : ....

ÉTAPES DU RITUEL :

- ....
- ....
- ....
- ....
- ....

RESSENTIS ET RÉSULTATS

....

....

....

....

....

....

....

....

....

....

Rituel personnalisé

Crée tes propres rituels magiques !
Décris les étapes de tes rituels avec des pierres et d'autres outils spirituels. Quelles sont tes intentions ? Quels effets ressens-tu ? Partage tes pratiques sacrées et tes moments de connexion.

Date : ....

Intention principale : ....

Heure : ....

Pierres utilisées : ....

ÉTAPES DU RITUEL :

- ....
- ....
- ....
- ....
- ....

RESSENTIS ET RÉSULTATS

....

NOTES

NOTES

NOTES

Pour aller plus loin...

Je t'invite à te rendre sur ma page Instagram **@shambalacreation** et à visiter mon site **www.shambala-creations.com** pour me poser toutes les questions que tu souhaites.

À très bientôt.
Avec toute mon affection et ma gratitude,

Yseult

L'autrice :

Ancienne championne olympique, experte en lithothérapie, **Yseult Gervy** est devenue incontournable sur les réseaux sociaux. Elle inspire et aide chaque jour des milliers de personnes à intégrer efficacement les pierres dans leur quotidien.

Les informations contenues dans ce livre sont données à titre informatif uniquement et ne se substituent pas à un avis médical professionnel. Consultez toujours un professionnel de santé qualifié pour tout problème de santé ou de santé mentale. L'auteur et l'éditeur déclinent toute responsabilité quant à l'utilisation ou à l'interprétation des informations présentées.

Direction artistique et conception graphique :
Elsa Antoine pour Studio Pekelo (www.pekelo.fr)

Illustrations : Lil Sire

Crédits iconographiques :

p. 194, Agate arbre, Mehmet Gokhan Bayhan / shutterstock ; p. 195, Agate du Botswana, Nastya22 / shutterstock ; p. 195, Agate mousse, New Africa / shutterstock ; p. 196, Aigue-marine, Sebastian Janicki / shutterstock ; p. 196, Amazonite, Anastasia Bulanova / shutterstock ; p. 197, Ambre, Pongsak14 / shutterstock ; p. 197, Améthyste, Mama mia / shutterstock ; p. 198, Angélite, New Agrica / shutterstock ; p. 198, Apatite, vvoe / shutterstock ; p. 199, Apatite bleue, Vvoe / shutterstock ; p. 199, Apophyllite, wirestock creators / shutterstock ; p. 200, Aventurine, New africa / shutterstock ; p. 201, Azurtite krim, Kate / shutterstock ; p. 201, Bismuth, photoChur / shutterstock ; p. 202, Bois pétrifié, MinaKryn Ruslan / shutterstock ; p. 202, Calcite, Kazakov Maksim / shutterstock ; p. 203, Calcite orange, krimKate / shutterstock ; p. 203, Calcite bleue, Marco Fine / shutterstock ; p. 204, Calcite verte, Joan Carles Juarez / shutterstock ; p. 204, Célestine, Sebastian Janicki / shutterstock ; p. 205, Charoïte, Liudmyla Guniavaia / shutterstock ; p. 205, Chrysocolle, lamTK / shutterstock ; p. 206, Chrysoprase, lamTK / shutterstock ; p. 206, Citrine Al hub / Shutterstock ; p. 207, Cornaline, Vvoe / shutterstock ; p. 207, Cristal de roche, Jarovey / shutterstock ; p. 208, Diamant, RHJPhtots / shutterstock ; p. 208, Émeraude, photo-world / shutterstock ; p. 209, Fluorite, Sebastian Janicki / shutterstock ; p. 209, Grenat, Minakryn Ruslan / shutterstock ; p. 210, Heliotrope, FotoHelin / shutterstock ; p. 210, Hématite, Richard Peterson / shutterstock ; p. 211, Hémimorphite, Nikandphoto / shutterstock ; p. 211, Howlite, Andriana Syvanych / shutterstock ; p. 212, Jade, Elena NIKKO / shutterstock ; p. 212, Jade néphrite, Vvoe / shutterstock ; p. 213, Indigo gabbro, SStellar Gems / shutterstock ; p. 213, Jaspe, Toth Peter / shutterstock ; p. 214, Jaspe jaune, Roy Palmer / shutterstock ; p. 214, Jaspe paysage, Dmivmas / shutterstock ; p. 215, Jaspe océan, Photo Fun / shutterstock ; p. 215, Jaspe rouge, Sergey Dubrov / shutterstock ; p. 216, Kyanite, lamTK / shutterstock ; p. 216, Kyanite bleue, MS.Image / shutterstock ; p. 217, Labradorite, Minakryn Ruslan / shutterstock ; p. 217, Lapis-lazuli, Jana.Ullmannonva / shutterstock ; p. 218 , Lepidolite, Vincent Lekabel / shutterstock ; p. 218, Malachite, AleksaStanko003 / shutterstock ; p. 219, Météorite, Lvivjanochka Photo / shutterstock ; p. 219, Moldavite, Minakryn Ruslan / shutterstock, p. 220, Mookaite, Minakryn Ruslan / shutterstock ; p. 220, Nuumite, Vvoe / shutterstock ; p. 221, Obsidienne, Protean Visuals / shutterstock ; p. 221, Obsidienne flocon de neige, Bjoern Wylezich / shutterstock ; p. 222, Œil de tigre, Vvoe / shutterstock ; p. 222, Onyx, Reload Design /shutterstock ; p. 223, Opale, Studio 492 / shutterstock ; p. 223, Péridot, KrimKate / shutterstock ; p. 224, Pietersite, Cagla Acikgoz / shutterstock ; p. 225, Pyrite, Minakryn Ruslan / shutterstock ; p. 225, Pierre de lune, Vvoe / shutterstock ; p. 226, Pierre du soleil, Vvoe / shutterstock ; p. 226, Quartz clair, Collective Arcana / shutterstock ; p. 227, Quartz fumé, farwaayesa / shutterstock ; p. 227, Quartz rutile, Studio 492 / shutterstock ; p. 228, Quartz rose, Dmivmas / shutterstock ; p. 228, Rhodonite, Olpo / shutterstock ; p. 229, Rhodochrosite, Richard Peterson / shutterstock ; p. 229, Serpentine, Galka3250 / shutterstock ; p. 230, Sélénite, Gennady Grechishkin / shutterstock ; p. 230, Shungite, Vvoe / shutterstock ; p. 231, Sodalite, New Africa / shutterstock ; p. 231, Stromatolite, Sava Senemty / shutterstock ; p. 232, Sugilite, Vvoe / shutterstock ; p. 232, Super Seven, Minakryn Ruslan / shutterstock ; p. 233, Tourmaline, Cagla Acikgoz / shutterstock ; p. 233, Topaze, Minakryn Ruslan / shutterstock ; p. 234, Tourmaline noire, Ibe Van Oort / shutterstock ; p. 234, Turquoise, Vvoe / shutterstock ; p. 235, Tulite, Vvoe / shutterstock ; p. 235, Unakite, Vvoe / shutterstock ; p. 236, Zircon, Minakryn Ruslan / shutterstock

ISBN : 978-2-221-27774-4
Dépôt légal : avril 2025
N° éditeur : 68337/01
Photogravure : Point 11
Imprimé en Espagne par Macrolibros
Éditions Robert Laffont - 92, avenue de France 75013 Paris